教職ライブラリ

生徒指導・進路指導論

編著

住本克彦

共著

新井　肇・伊藤美加・伊藤美奈子・井上直子・井上浩史・清水克博
竹村景生・田中達也・仁八　潔・橋本雅子・長谷川 誠・平野　修
松田　修・毛利康人・安田従生・山下敦子

建帛社
KENPAKUSHA

まえがき

　本書発刊に際した現状において，児童生徒を取り巻く環境は急激に変化し，予測困難な時代を迎えている。そのような中，児童生徒一人一人が，自他の命を尊重し，「生きる力」「生き抜く力」をしっかりと身に付け，望ましい勤労観や職業観をもって，多様な人々と協働しながら様々な困難を乗り越え，次世代の持続可能な社会の担い手となることが強く求められている。こうした状況を踏まえた上で，生徒指導の基本的な考え方や取組の方向性等を再整理するとともに，今日的な課題に対応していく目的で，「生徒指導提要」（文部科学省）が12年ぶりに改訂された。また，「幼稚園，小学校，中学校，高等学校及び特別支援学校の学習指導要領等の改善及び必要な方策等について（答申）」（文部科学省）「『キャリア教育』資料集　研究・報告書・手引編」（国立教育政策研究所）等において，キャリア教育の新たな方向性も示されてきた。本書は，上記の内容を反映した教職課程に係る「生徒指導・進路指導論」のテキストである。本書によって「生徒指導の意義」や「進路指導・キャリア教育の意義」等を見つめ直す意味は大きいといえる。

　本書は，教育の現場を熟知した執筆者が各章を担当し，特に，「第8章　いじめ・暴力行為への対応」では，新井　肇氏（「生徒指導提要の改訂に関する協力者会議」副座長）に，「第9章　不登校とは」では，伊藤美奈子氏（生徒指導提要の改訂に関する協力者会議委員）に執筆いただいた。さらに，能登半島地震に際し，被災地の高等学校校長（当時）として陣頭指揮を執られた仁八潔氏に「震災後の生徒指導・教育相談の実践」のテーマで，学校における生徒指導を中心にした防災教育のあり方について執筆いただいた。また，随所にコラム欄を設けて，生徒指導や進路指導に関する最新の知識を網羅し，各章の終わりには振り返りとして主体的・対話的で深い学びができる演習課題を設定している。「教職課程」を学ぶ学生には，順次読み進めることによって，教職に関する理論と実際を実践的に学ぶことができ，教育現場の教員にあっては，教職についての最新の知見に触れることができるように構成している。この点では，教員養成課程の教科書としてはもちろんのこと，教育現場における「生徒指導」や「進路指導」等での実践書としても有益であると自信をもって薦めたい。

　また，本書へは，前　兵庫教育大学学長　加治佐哲也先生から身に余る巻頭のお言葉を頂戴した。この場をお借りして心より御礼申し上げます。

　教職を目指す学生の皆さんや，教育現場で日々熱心な実践を重ねる教員の方々が，本書を手に取り，改めて「生徒指導の意義」や「進路指導・キャリア教育の意義」等を見つめ直すことによって，より効果的な教育実践の一助になるよう願っている。

　最後に，本書の編集にあたっては，株式会社建帛社社長の筑紫和男氏，編集部長の黒田聖一氏には多大なるご尽力を頂いた。衷心より感謝申し上げる。

　2025年4月

編著者　住本克彦

巻頭言

　これからの時代を生きる子供たちに求められるものとして，「課題探究力」や「情報活用能力」等の資質能力が不可欠といわれている。「教員の働き方改革」「教員不足」という喫緊の課題解消が言われる一方，「教育の資保証」というのも重要な課題である。「教育は人なり」という言葉もあり，これは論語に出てくる言葉で，「人として正しく信頼できる人の話は強く言わなくても聞くが，人として信頼できない人の話は強く言っても命令しても誰も聞かない」という意味である。本学も，「教員の資質能力の向上を目指す大学」をその特色とし，豊かな人間性と確かな実践力を有し，変化の激しい社会においても新たな教育を創造でき，学び続ける教員（継続的に専門性を高め続けることができる教員）を養成することを目指している。こうした教員こそ子供たちの「課題探究力」や「情報活用能力」等の資質能力を育てられるものと確信している。

　この教員の資質能力を高める点から，本書が発刊されることの意義は大きい。読者諸氏は，本書からの学びを通して，生徒指導の意義について理解した上で，教育現場における様々な秀逸な実践に触れ，子供たちが自己存在感を実感し，自己指導力が培われるような支援・指導の在り方を身に付けてほしい。さらには，進路指導やキャリア教育の意義について理解したうえで，ガイダンスやカウンセリング等としての支援や指導の在り方についての理解を深め，読者自身のキャリアについてもその意識を高めることに結び付けることができる。つまり，本書の学修から，読者の皆さんが将来教員となる身においての専門性や実践力を高める礎を築くことになり，生徒指導の理念や長期的展望に立った人間形成を目指す進路指導，社会的・職業的自立に向けた基礎を育むキャリア教育の考えやその指導法を理解することができるのである。

　急激に変化していく激動の社会の中にあって，これからの社会の変化を見極めつつ，自らの教育実践についてその在り方を常に見直し，改めるべきは改めていく。この意味でも学び続ける教員となるべく，本書を手にし，学びを進めてほしい。

　本書では，教育の現場を熟知した執筆者が各章を担当し，理論と実践がバランスよく構成されている。したがって，理論を踏まえた上で，実践知に触れることで実践的な学びも身に付けることができるように工夫されている。以下は具体的な内容である。

　「第1章　生徒指導・進路指導とは何か」では，生徒指導・進路指導は，学校教育の中でどのような位置付けなのか，どのような歴史があるのか，どのような考え方を基本としているのか等について考えていく。「第2章　生徒指導と教育課程」では，生徒指導と各教科，道徳教育，特別活動，総合的な学習（探究）の時間等との関連，生徒指導の意義について考える。「第3章　児童生徒理解の基本」では，児童生徒理解の基本について理解する。「第4章　生徒指導と教育

相談」では，生徒指導体制と教育相談体制の基礎的な考え方とその違いを理解する。「第5章 組織的な連携」では，学級担任，教科担任の立場や役割を考え，学校の指導方針及び年間指導計画に基づいた組織的な取組の重要性について理解する。また，関係機関との連携の在り方について考える。「第6章 基本的な生活習慣・規範意識の育成」では，児童生徒の基本的生活習慣の確立，規範意識の醸成等，日々の生徒指導の在り方を理解する。「第7章 校則・懲戒・体罰等」では，校則・懲戒・体罰等の生徒指導に関する主な法令の内容を理解するとともに，具体的な事例を通して指導の在り方について考える。「第8章 いじめ・暴力行為への対応」では，現在，学校で大きな課題となっているいじめと暴力行為等について，生徒指導上の課題の定義及び対応の視点について理解を深めるとともに，その対応について考えていく。「第9章 不登校とは」では，現在，学校のみならず，社会で大きな課題となっている不登校について，データに基づいて分析するとともに，指導の在り方について考える。「第10章 個別課題への指導と今日的な課題」では，個々の児童生徒の抱える個別課題，少年非行，携帯電話とインターネット利用の課題，性に関する課題，児童虐待問題，自殺等，学校現場における生徒指導の課題をまとめ，生徒指導の在り方について考えていく。「第11章 進路指導とキャリア教育」では，進路指導とは何か，キャリア教育とは何か，キャリア教育が求められるようになった背景をとらえ，進路指導・キャリア教育の意義，その指導の在り方（全教育活動を通して組織的指導体制・家庭や関係機関との連携等）を理解する。「第12章 多様な背景をもつ児童生徒への生徒指導・進路指導」では，多様な背景をもつ児童生徒への生徒指導・進路指導についての基本を，具体的事例を通して学ぶ。「第13章 各校種における進路指導とキャリア教育の実際」では，各校種における進路指導とキャリア教育の実際について理解する。

　このように，理論ばかりでなく，実践について具体的事例等を多くあげており，教職を目指す学生の皆さんはもちろん，日々尊い教育実践を重ねておられる教員の皆さんにとっても意義深い書となっている。なお，編著者の住本克彦氏は，本学修士課程を修了し，常に，教育の理論と実践の融合を目指し，自らの教育実践学の構築のため，教育現場のニーズと実践性を踏まえた高度な教育研究を積み重ねてきている。その実践の姿勢は，本学の修士課程が目指す，人間力と教育力を兼ね備えた教員としてのあるべき姿に他ならない。

　本書が，読者の皆さんにとって，有益なものとなることを期待し，巻頭の言葉とする。

2025年4月

前 兵庫教育大学学長　　加治佐哲也

目　　次

第1章　　生徒指導・進路指導とは何か　　　　　1

1　生徒指導の意義と歴史 ………………………………………… 1
（1）生徒指導の意義　1
（2）生徒指導の歴史　3

2　生徒指導の教育観 ……………………………………………… 4
（1）児童生徒の「主体性」とその「かけがえのなさ」を重視する　4
（2）児童生徒の「成長を促す生徒指導」「予防する生徒指導」を重視する　4
（3）生徒指導は「臨床」の視点をもつことが大切である　4

3　これからの生徒指導が目指すもの ……………………………… 5
（1）教科の指導と生徒指導の一体化を目指す　5
（2）チーム支援による生徒指導体制を構築・充実する　6

4　進路指導の意義と歴史 …………………………………………… 7
（1）進路指導の意義　7
（2）進路指導の歴史　8

5　これからの進路指導が目指すもの …………………………… 10
コラム　構成的グループエンカウンター　11
コラム　自己肯定感（自尊感情）の育成　12

第2章　　生徒指導と教育課程　　　　　13

1　学習指導要領と生徒指導 ……………………………………… 13
（1）児童生徒の発達を支える教育課程　13
（2）児童生徒の発達を支える指導の充実　14

2　各教科における生徒指導の意義 ……………………………… 15
（1）多様な情報収集とチームの共通理解による指導の充実　15
（2）教科の指導と生徒指導の一体化　16

3　道徳教育と生徒指導 …………………………………………… 17
（1）道徳教育と生徒指導の相互関係　17
（2）道徳科の授業と生徒指導　17

4　特別活動，総合的な学習の時間と生徒指導 ………………… 19
（1）特別活動と生徒指導　19
（2）総合的な学習の時間と生徒指導　21
コラム　生徒指導提要　22

v

目　次

第3章　児童生徒理解の基本　23

1　生徒指導における児童生徒理解の重要性 ················ 23
（1）児童生徒を多面的・多角的に理解する　24

2　児童期の心理と発達 ······································ 24
（1）道徳性の発達　25
（2）自信のつまずき　26

3　青年期の心理と発達 ······································ 27
（1）青年期の親子関係　27
（2）自己に関する悩み　27
（3）友だち関係　28

4　生徒指導の個人資料の収集・活用 ························ 29
（1）個人資料の収集の方法　29
（2）個人資料の活用　29

コラム　アセスメント　31

第4章　生徒指導と教育相談　33

1　教育相談の意義 ·· 33
（1）教育相談の目的　33
（2）教育相談の特質と生徒指導の関係　34

2　教育相談体制の構築 ······································ 34
（1）生徒指導体制　35
（2）教育相談体制　35
（3）教育相談活動の全校的展開　36

3　教育相談の進め方
　　　―生徒指導と一体となったチーム支援―　39
（1）ケース会議を開催する　39
（2）課題の明確化と目標を共有する　39
（3）支援計画の作成と支援チームの編成を行う　40
（4）支援経過において留意すること　40
（5）状況の点検・評価に基づいて，支援の終結・継続の判断をする　40

4　教育相談の留意点 ·· 41
コラム　カウンセリング・マインド　42

第5章　組織的な連携　43

1　「チーム学校」が求められる背景 ………………………………… 43
2　「チーム学校」による生徒指導体制 …………………………… 44
（1）生徒指導体制の構築に向けた基本的な考え方　44
（2）「チーム学校」による生徒指導体制の構築　45
3　「チーム学校」による進路指導体制 …………………………… 46
（1）進路指導体制の構築に向けた基本的な考え方　46
（2）「チーム学校」における進路指導体制の構築　47
4　危機管理体制 ……………………………………………………… 47
（1）リスクマネジメント　47
（2）クライシスマネジメント　48
（3）関係機関との連携　49
5　守秘義務と説明責任 ……………………………………………… 49
（1）守秘義務の重要性　49
（2）説明責任の意味と重要性　50
コラム　スクールカウンセラー，スクールソーシャルワーカー　52

第6章　基本的な生活習慣・規範意識の育成　53

1　基本的な生活習慣の確立とその課題 …………………………… 53
2　校内規律の指導における基本 …………………………………… 56
3　各校種毎の指導の実際と留意点 ………………………………… 59
（1）小学校の生徒指導体制　59
（2）中学校の生徒指導体制　59
（3）高等学校の生徒指導体制　60
（4）留意点　60
4　学校・家庭・地域の連携 ………………………………………… 61
コラム　ヤングケアラー　62

第7章　校則・懲戒・体罰等　63

1　校則の運用とその見直し ………………………………………… 63
（1）校　則　63
（2）校則の内容　64
（3）校則の運用　64
（4）校則の見直し　64

vii

目　次

　　2　懲戒と体罰 ·· 65
　　　（1）児童生徒に対する懲戒　65
　　　（2）体　罰　67
　　3　不適切指導 ·· 69
　　4　体罰等による教員の懲戒処分 ···················· 70
　　5　出席停止制度の運用 ···································· 71
　　　コラム　ブラック校則　72

特別コラム　震災後の生徒指導・教育相談の実践 ·············· 73

第8章　いじめ・暴力行為への対応　　77

　1　いじめ問題の現状と課題 ································ 77
　　　（1）いじめの現状　77
　　　（2）いじめ防止対策の課題　78
　2　いじめに関する生徒指導の重層的支援構造 ············ 80
　　　（1）「提要改訂版」が示すいじめ防止対策の方向性　80
　　　（2）2軸3類4層の重層的支援構造　80
　　　（3）「社会に開かれたチーム学校」によるいじめ対策　81
　3　暴力行為の現状と背景及び対応の方向性 ············ 82
　　　（1）暴力行為の現状　82
　　　（2）低年齢における暴力行為の急増の背景　82
　　　（3）暴力行為への対応指針　83
　4　暴力行為に関する生徒指導の重層的支援構造 ············ 83
　　　（1）生徒指導の重層的支援構造に即した暴力行為への対応　83
　　　（2）暴力行為の防止につながる発達支持的生徒指導の具体化　84
　　　コラム　いじめ防止対策推進法　86

第9章　不登校とは　　87

　1　不登校の定義 ·· 87
　2　不登校の変遷 ·· 88
　3　不登校の背景や原因 ···································· 89
　4　不登校の子供の意識より ······························ 90
　5　今後に求められること ·································· 92
　　　（1）学校外の居場所　93
　　　（2）学校外にある「学校」　94
　　　コラム　不登校の保護者支援　96

viii

第10章　個別課題への指導と今日的課題　　97

1　少年非行対応の基本的視座と実際 ……………………………………… 97
（1）非行少年とその分類　97
（2）少年非行への学校対応の基本　98
（3）サポートチームとの協働的対応　99

2　携帯電話やインターネット関連法規と基本方針 ………………… 100
（1）教育と啓発　100
（2）インターネットによる事故・事件回避のための学習　100
（3）具体的な対応策　101

3　性犯罪・性暴力対策の基本方針 …………………………………… 101
（1）「生命（いのち）の安全教育」による未然防止教育の展開　101
（2）早期発見と対応　102
（3）相談体制と支援　102
（4）保護者との連携　102

4　児童虐待の関連法規と課題予防的生徒指導 …………………… 102
（1）児童虐待とは　102
（2）児童虐待の関連法規　103
（3）児童虐待を未然防止，早期発見するための課題予防的生徒指導　103

5　自殺予防に関する重層的生徒指導 ………………………………… 104
（1）早期発見と対応　104
（2）信頼関係の構築と相談窓口の設置　105
（3）教育プログラムの導入　105
（4）保護者や地域との連携　105
（5）教職員の研修　105
コラム　子供の貧困問題と地域の取組　106

第11章　進路指導とキャリア教育　　107

1　進路指導・キャリア教育の意義 …………………………………… 107
（1）キャリア教育の定義　107
（2）キャリア教育が求められる背景と意義　108

2　進路指導・キャリア教育の展開過程 …………………………… 110
（1）進路指導とキャリア教育の関わり　110
（2）教育振興基本計画におけるキャリア教育の位置付け　112

3　進路指導・キャリア教育の展望 …………………………………… 113
コラム　特別支援教育　116

第12章　多様な背景をもつ児童生徒への生徒指導・進路指導　117

1　発達障害に関する理解と対応の実際 ················· 117
（1）発達障害の特性の理解　118
（2）発達障害に関する対応の実際　119

2　精神疾患に関する理解と対応の実際 ················· 121
（1）主な精神疾患　121
（2）精神疾患に関する対応の実際　122

3　健康問題に関する理解と対応の実際 ················· 124
（1）健康問題に関する理解　124
（2）健康問題に関する対応の実際　125

コラム　LGBTQ　126

第13章　各校種における進路指導とキャリア教育の実際　127

1　小学校における進路指導・キャリア教育の実際と課題 ········· 127
（1）自己理解・自己肯定感を育成する　127
（2）体験活動を重視する　128
（3）小学生における基礎的・汎用的能力のねらい　129
（4）小学校における進路指導・キャリア教育の課題　130

2　中学校における進路指導・キャリア教育の実際と課題 ········· 130
（1）キャリア教育と進路指導　130
（2）キャリア教育プログラム（基礎的・汎用的能力の育成）　131
（3）職場体験学習　132
（4）中学校における進路指導・キャリア教育の課題　133

3　高等学校における進路指導・キャリア教育の実際と課題 ········· 133
（1）キャリア発達の特徴を踏まえた取組　134
（2）探究学習とキャリア教育　134
（3）キャリアガイダンス，キャリア・カウンセリング　134
（4）大学・専門学校，企業訪問　135
（5）高等学校における進路指導・キャリア教育の課題　135

コラム　キャリア・パスポート　136

索　引　137

第1章 生徒指導・進路指導とは何か

「生徒指導」と「進路指導」は，どちらも「在り方」や「生き方」にかかわる指導であり，「自分の人生をいかに生きるか」の指導が「生徒指導」「進路指導」の中核にある。本章では，こういった観点に立ち，前半では，生徒指導についての基本を「生徒指導提要（改訂版）」を中心に，後半では進路指導についての基本を概観したい。

1 生徒指導の意義と歴史

（1）生徒指導の意義

まず生徒指導という文言であるが，これは一般的には第2次世界大戦直後のいわゆる教育改革の中で中学校，高等学校の教育方法としての導入の際，「ガイダンス：guidance」の訳語として使われたといわれている。「生徒指導の手びき」（文部省，1965）の発刊後，生徒指導の文言は定着していった。

生徒指導の定義については，2022（令和4）年に改訂された「生徒指導提要」（以下，「提要改訂版」とする）では，生徒指導は，学習指導と並んで学校教育において重要な意義をもつものとされ，その定義や目的が示されており，以下「提要改訂版」を中心に通観したい。

そこではまず，学校教育の目的を「人格の完成を目指し，平和で民主的な国家及び社会の形成者として必要な資質を備えた心身ともに健康な国民の育成」（教育基本法第1条）を期することであるとし，また，「個人の価値を尊重して，その能力を伸ばし，創造性を培い，自主及び自律の精神を養う」（同法第2条第2号）ことが目標の一つとしてあげられているとしたうえで，学校教育の目的やその達成に寄与する生徒指導を定義して，「提要改訂版」では次頁のとおりとしている。

第1章　生徒指導・進路指導とは何か

> **生徒指導の定義**：生徒指導とは，児童生徒が，社会の中で自分らしく生きることができる存在へと，自発的・主体的に成長や発達する過程を支える教育活動のことである。なお，生徒指導上の課題に対応するために，必要に応じて指導や援助を行う[1]。

1）文部科学省『生徒指導提要（改訂版）』2022，p.12.

　そして，生徒指導を「機能」としてとらえ，児童生徒が自身を個性的な存在として認識し，自身のよさや可能性も認めた上で，それらを伸長させるとともに，社会的資質や能力を身に付けることを支える働きであるとしている。また，その目的についても同「提要改訂版」の中で，以下のとおり示している。

> **生徒指導の目的**：生徒指導は，児童生徒一人一人の個性の発見とよさや可能性の伸長と社会的資質・能力の発達を支えると同時に，自己の幸福追求と社会に受け入れられる自己実現を支えることを目的とする[2]。

2）1）と同じ，p.13.

　そしてこの生徒指導の目的を達成するためには，児童生徒一人一人が自己指導能力を身に付けることが重要であるとしている。さらに，児童生徒の自己指導能力の獲得を支える生徒指導では，多様な教育活動を通して，児童生徒が主体的に課題に挑戦してみることや多様な他者と協働して創意工夫することの重要性等を実感することが大切で，その際に留意する実践上の視点を4点あげている。① 自己存在感の感受，② 共感的な人間関係の育成，③ 自己決定の場の提供，④ 安全・安心な風土の醸成，である[3]。特に①については，ありのままの自分を肯定的に捉える自己肯定感や，他者のために役立った，認められたという自己有用感を育むことが極めて重要であるとしている。教員が子供を認めることの大切さについては，以下を参考にしてほしい。

3）1）と同じ，pp.14-15.

教師が子供を認めることの大切さ

　ここに著者，島秋人氏が「是非，教師に読んでほしい」と願い著した「歌集」がある。『遺愛集』である。死刑囚であった島秋人氏（33歳で死刑執行）が，獄中から中学時代の恩師に御礼の手紙を書いた。子供の頃，小学校でも中学校でも病弱な上，成績は最も低く，周りから疎んじられると共に，教師から認められることもなく性格がすさみ，少年院に入ることもあった。1959（昭和34）年のある夜，飢えに耐えかね農家に入り金銭を奪い，その家の人を殺し，死刑囚となった。中学の頃の，唯一の認められた記憶が忘れられず，獄中からその先生に手紙を出したのである。それもただ一言の「褒め言葉」（「絵は下手だけど，クラスで一番構図が良い」）であったが，凍り付いた彼の心にかすかに残る一片の希望の光であったからだ。その後恩師と文通が始まり，その中で短歌に接し，彼自身の情感は広がり，短歌の才能が開かれると共に（1963年「毎日歌壇賞」受賞），彼の心は清められていった。教師の子供への一言の「褒め言葉」「認める言葉」が子供たちの心にはいつまでも残り，その人生に大きく影響するのである。

　以下は，著者島秋人氏の言葉である。「教師は，すべての生徒を愛さなくてはなりません。一人だけを暖かくしても，一人だけ冷たくしてもいけないのです。目立たない少年少女の中にも平等に愛される権利があるのです。むしろ目立った成績の優れた生徒よりも，目立たなくて覚えていなかったという生徒の中に，いつまでも教えられたことの優しさを忘れないでいる者が多いと思います。忘れられていた人間の心の中には一つのほめられた

2

という事が一生涯くり返されて思い出されて，なつかしいもの，たのしいものとしてあり，続いていて残っているのです」*

* 島　秋人『遺愛集』東京美術選書9，1974，p.211.

（2）生徒指導の歴史

近代日本の学校教育は，1872（明治5）年の「学制」に始まる。「学制」には児童生徒が守るべき規律や規則についての定めはないが，文部省（当時）は1873（明治6）年に，「小学生徒心得」を刊行した。これをきっかけに学校における「規律」が明文化された。その後1890（明治23）年の「教育ニ関スル勅語」の発布は，儒教的道徳に基づく忠君愛国（君主に忠節を誓い，自国を愛すること）の精神を身に付けさせることが指導の目標とされ，こうした指導が戦前における生徒指導実践の礎であった。明治20年代初めには，ドイツのヘルバルト派教育学（教育の目的を「道徳的品性の陶冶」にあるとし，そのための教育過程を「管理」「教授」「調練」という3機能に分けた）が我が国に導入され，明治20年代の学校教育の改革に波及したばかりではなく，今日の生徒指導の考え方やその実践へ多大な影響を与えたとされている。そして，明治30年代の教科書の検定強化，教科書の国定化等によって，教育の在り方は「全体主義」傾向を強めていくのである。我が国の日露戦争での勝利後は，「個」に注目する教育が振興し，大正期の教育改革につながっていく。その後昭和になり，大戦を迎える中で，「全体主義」を強めていくことになる。

第2次世界大戦後は，特にアメリカの影響を強く受けることとなり，教育の理論，内容，そして方法等，然りであった。既述の通り，生徒指導の文言は，「ガイダンス：guidance」の訳語として使われたとされている。（当初は生活指導の文言が使用された）。「生徒指導の手びき」（文部省，1965）の発刊後は生徒指導の文言は徐々に定着していく。

「生徒指導の手びき」によって生徒指導の基本的な考え方が浸透していったといえよう。その冒頭には「生徒指導は，学校がその教育目標を達成するための重要な機能の一つである[4]」と明記され，生徒指導が機能論の立場に立つことが明記された。また，生活指導との関係については「『生活指導』という用語は現在かなり多義に使われているので，本書では『生活指導』とした[5]」と述べられている。

4）文部省「生徒指導の手びき」1965.

5）4）と同じ.

2010（平成22）年に刊行された「生徒指導提要」は，その前身ともいうべき「生徒指導の手びき」及び「生徒指導の手引（改訂版）」と比べると，目指す人間像として，個人としての人格を高めることとともに，公共心等の社会的資質の育成が重視されている。また，「提要改訂版」においては，生徒指導の構造

第1章　生徒指導・進路指導とは何か

を「発達支持的生徒指導」「課題予防的生徒指導」「困難課題対応的生徒指導」という三層（3類）でとらえている点，問題対応に終始するのではなく，積極的な教育活動としての生徒指導の在り方が目指されている点，さらに，インターネットや携帯電話に関わる課題等，今日的な課題を適切に取り上げ，社会環境の変化に対応した指導についても言及しており，校内研修会，各自治体主催の研修会等，今後様々な場での一層の活用が望まれている[*1]。

2　生徒指導の教育観

（1）児童生徒の「主体性」とその「かけがえのなさ」を重視する

佐藤は「生徒指導の基礎は一人ひとりの生徒を人間として尊重することにある。かけがえのない一個の人格として大事にし，個性の成長発達を図ると共に，社会生活を円滑に進めていける資質，能力，態度を育成することである[6]」としている。ここでいう「主体性」については，梶田が「自分自身の内部に行為の源泉と判断の基軸があり，そうした源泉や基軸がその人の内面世界に，その人にとっての必然性のある強く深い根拠を持つこと[7]」と明示している。

つまり，子供には必ずその子のよさがあり，そこを見つめ続けることで短所も含めてその子を丸ごと認めることにつながるのである。

（2）児童生徒の「成長を促す生徒指導」「予防する生徒指導」を重視する

これからの生徒指導担当者には，開発的カウンセリング[*2]に精通し，実践できることが求められるといえよう。

（3）生徒指導は，「臨床」の視点をもつことが大切である

この点では，生徒指導はチーム支援を重視して進めていくことが大切であり，すなわち専門家を含めたチーム学校による生徒指導体制を重視していくことが重要であるということである。また，「提要改訂版」では，「個別の課題に対する生徒指導」が解説されており，この点でも，「臨床」の視点や教育相談の活用は不可欠と言っても過言ではない。

また，上地は，「優れた教師はカウンセラーの資質を有する」として教師カウンセラーの基本的教育理念として「① 人間の本性は善である。② 絶えず学

---

*1 「生徒指導提要」と「提要改訂版」との違いについて，新井は，「生徒指導提要」と「提要改訂版」を比較すると，「児童生徒を主語にし，『自身を個性的存在として認め，自己に内在しているよさや可能性に自ら気付き，引き出し，伸ばすと同時に，社会生活で必要となる社会的資質・能力を身に付ける事を支える働き（機能）』であると，その目的が明示されているところに違いがみられます」と述べている。
新井肇編著『「支える生徒指導」の始め方－「改訂・生徒指導提要」10の実践例－』教育開発研究所，2023，p.23.

6）佐藤修策『不登校の教育・心理的理解と支援』北大路書房，2005，p.12.

7）梶田叡一『自己意識論集Ⅴ－内面性の心理学－』東京書籍，2021，p.82.

4

ぶ者のみが教える資格を持つ。③ 知育は教育のすべてではない。④ 個別指導は人間尊重の教育の基本である。⑤ 形式より内容に意味がある。⑥ 治すことより理解することを優先する。⑦ 教師とカウンセラーの専門性は共通する[8]」の7項目をあげている。

　生徒指導における教育観としては参考にしたい7項目であり，教師自身もこういった要素を高めたいものである。また，河合も，教育における「臨床」の視座をもつことの大切さについて，児童生徒の「問題」について触れた後「臨床」の視座をもつことにより「マイナスを通してプラスが生まれる過程は，本来的『教育』そのものと言っていいのではないだろうか[9]」と述べている。

　筆者自身，学校現場での生徒指導・教育相談の実践（研修会，ケースカンファレンス等）では，必ず「臨床」の視点での手立てや取組を紹介・提案するようにしている。また，「臨床」の視点をもった教育実践は，子供たちの自尊感情の育成には効果的であり，複雑化する多様性への理解をより確実なものにするためにも有効であった[10]。

3　これからの生徒指導が目指すもの

（1）教科の指導と生徒指導の一体化を目指す

　授業は全ての児童生徒を対象とした発達支持的生徒指導の場となる。すなわち，学習指導と生徒指導を一体化させた授業づくりは，生徒指導の実践上の大切な視点であり，これは，「自己存在感の感受」「共感的な人間関係の育成」「自己決定の場の提供」「安全・安心な風土の醸成」を意識した実践そのものなのである。

　教師が学習指導と生徒指導の専門性を合わせもつという現況の授業づくりが，児童生徒の発達を支えることに直結するのである。

　特に「自己存在感の感受」では，授業の中で，児童生徒が「自分も一人の人間として大切にされている」と感じ，「今の自分が好き」と自分を肯定的に捉える自己肯定感や，認められたという自己有用感を育む工夫が求められている。内藤は，「『自分もみんなの役に立っているのだ』という自負があってはじめて，集団生活にも積極的になり，集団への貢献と自己実現とが一致してくることになる[11]」と述べており，この言葉も参考にしたい。また「共感的な人間関係の育成」においても内藤は，「特に感情レベルにウエイトをおき，相手の身になって深く，温かく理解しようとする立場である。理解の基準は，見る側の決めた尺度ではなく，見られる側の内面的な尺度，つまり児童生徒のものの

＊2　**開発的カウンセリング**：教員が全ての子供たちを対象に，発達課題を達成させ，自己実現を援助するカウンセリングのことである。今の教育現場における課題としては，① 子供たちにふれあいのある友人関係を育むこと，② 子供たちの自尊感情と育てること，この2つがあげられる（本章コラム，p.11参照）。
　住本克彦編著『コンパス教育相談』建帛社，2022，p.53.

8）上地安昭『教師カウンセラー－教育に活かすカウンセリングの理論と実践－』金子書房，2005，pp.15-24.

9）河合隼雄『子どもと学校』岩波新書，1992，pp.8-9.

10）住本克彦「幼児期における『自尊感情』育成の方途を探る」奈良学園大学研究紀要別冊，2021，pp.57-61.

11）内藤勇次編『生きる力を育てる』東洋館出版社，1993，p.37.

第1章　生徒指導・進路指導とは何か

12) 11) と同じ，p.33.

見方や考え方や感じ方に沿って，相手の身になって理解しようとする立場で，相互に関係的であり，自他体験的，洞察的，了解的なものとなる[12]」と述べており，この言葉も然りである。

（2）チーム支援による生徒指導体制を構築・充実する

ますます深刻化，多様化，低年齢化する生徒指導の様々な課題を解決するためには，教師が一人で問題を抱え込まず，チームで対応することが求められる。対応が難しい場合は，生徒指導主事や教育相談コーディネーター，学年主任，養護教諭，スクールカウンセラー，スクールソーシャルワーカー等，校内の教職員が連携・協働した校内連携型支援チームによる組織的対応が大切である。

さらに，深刻な課題に対しては，校外の関係機関等との連携・協働に基づくネットワーク型支援チームによる地域の社会資源を活用した組織的対応が重要である。

発達支持的生徒指導や課題未然防止教育においても，チームによって学校全体で取組を進めることが求められている。また，課題早期発見対応や困難課題対応的生徒指導においては，チームによる指導・援助に基づく組織的対応によって，早期の課題解決を図ることが何より大切である。

チーム支援の特色としては以下の2点があげられている。第一は，生徒指導上の課題に取り組んでいる児童生徒一人一人に対して，保護者，学校内の複数の教職員，関係機関の専門家，地域の人々等が，アセスメントに基づいて，支援チームを編成して，課題予防的生徒指導や困難課題対応的生徒指導を行うこと。第二に，チーム支援のプロセスは，① チーム支援の判断とアセスメントの実施，② 課題の明確化と目標の共有，③ チーム支援計画の作成，④ 支援チームによる実践，⑤ 点検・評価に基づくチーム支援の終結・継続である[13]。

13) 1) と同じ，pp.27-28.

14) 伊藤美奈子『不登校の理解と支援のためのハンドブック』ミネルヴァ書房，2022，pp.282-283.

なお，伊藤は，不登校支援においてアセスメントの大切さについて触れ，「『長所発見的アセスメント』が重要でその子の『問題』のみに注目するのではなく，その子自身が持つ強みやリソースなどに注目することで，目に映る子どもの姿も必要とされる支援のあり方も変わってきます」と述べている[14]。

以上いずれにしても，児童生徒が自主的・主体的に成長・発達する過程を支える意図でなされる教職員の働き掛けとしての生徒指導の展開が今後一層求められるであろう。最後に，河合の言葉をあげ本項のまとめとしたい「生徒の示す問題行動は，その背後に自己実現の可能性を秘め，教師の人格の成長にさえつながる深い意味をもっているのである。教師はそれを，まさに自分に課せられた『問題』として受けとめ，真剣に取り組んでゆく態度を養うべきである。

そして，その裏づけとなる実際的な訓練の機会を多く持つべきである[15]」。

4　進路指導の意義と歴史

（1）進路指導の意義

　進路指導は，児童生徒の将来に対する「夢」や「希望」，そして自分自身への「誇り」を育て，彼らの将来の「職業」という役割を通しての「自己実現」をうながすことである。具体的には，自分自身の人生における『主役』として，自分はどのような人生を送りたいのか，また，自分は将来どう生きたいのかといった自分自身にとっての人生設計の視点に立った進路適性について真剣に考え十分検討した上で，しかも科学的根拠に基づいた進路選択の方法や，借り物ではない，自分自身の人生に正面から向き合おうとする真摯な心構えを育てる指導のことである。筆者は，兵庫県教育委員会「県立学校特別非常勤講師」として，ここ10年以上，同一高校に年間２回，キャリア教育・進路指導の指導者として特別授業を実践している。

　そこでは，生徒一人一人が自らの学習状況やキャリア形成を見通したり，振り返ったりしながら将来を見据えた「今」の自己評価に関する学習活動を深めている。筆者自身，そこで学んだこととしては，生徒自身にとって進路・職業選択は，「自分自身の本当に好きなことは何か（職業への興味関心）」「自分自身が本当にしたいことは何か（欲求や価値観）」「自分自身ができることは何か（能力や適性）」を，彼ら自身が，常に自問自答し続けることこそがその中核にあり，それはすなわち生徒自身の生き方教育そのものである，ということであった。

　具体的には，この教育実践によって，生徒自身のみならず，学校にとってもキャリア教育・進路指導における実践のPDCAサイクルの手がかりとなること，キャリアデザインを描く生徒自身の意欲を一層鼓舞することにつながることや，教職員間の連携の推進・強化につながること，さらには，担当教員にとっては，キャリア・カウンセリングの充実につながること等が確認された。また，毎回の授業における「自己の成長」等の記録を蓄積すること（ポートフォリオ）により，生徒自身にとり一層自己の成長の振り返りが明確に把握され，また「キャリア・パスポート」（第13章p.128参照）との実践と重ねることで，その教育的効果をさらに高めることにもつなげることができるのである。

　キャリア教育は「一人一人の社会的・職業的自立に向け，必要な基盤となる能力や態度を育てることを通して，キャリア発達を促す教育[16]」と定義されて

15) 河合隼雄『生徒指導とカウンセリング』ミネルヴァ書房，1979，p.30.

16) 中央教育審議会「今後の学校におけるキャリア教育・職業教育の在り方について」（答申）2011.

第1章 生徒指導・進路指導とは何か

いる。そこで押さえるべきは，キャリア教育の目的は子供たちの「キャリア発達を促す教育」であること。そして，そのための手段として「社会的・職業的自立に必要な態度や能力の育成」が求められているということである。

キャリア教育の目的であるキャリア発達について同答申は「社会の中で自分の役割を果たしながら，自分らしい生き方を探索していく過程[17]」であるとしている。人は様々な集団に属し，それぞれの中で自分の役割を果たしており，それは生涯にわたって継続されていくということである。

17) 16) と同じ.

当初に述べた，筆者自身がキャリア教育・進路指導の指導者として特別授業を実践する中で，特に心掛けている点は，生徒たちに向けての筆者自身の自己開示の内容と伝え方である。生徒のキャリア発達において最も重要な役割を果たすのが教師であり，教師の語り掛けは生徒のロールモデルとなっているということである。教師自身が新たな挑戦をする姿や今までの人生目標をもって取り組んできた姿を生徒に見せることによって，生徒にも挑戦心を育てることにつながり，その生徒の姿からも教師自身がさらに成長することができ，それはキャリア発達が生涯にわたるものであるということも示しているのである。

（2）進路指導の歴史

まずは，進路指導という文言が使われたのは，1957（昭和32）年の中央教育審議会の「科学技術教育の振興方策について」の答申である（「高等学校および中学校においては，進路指導をいっそう強化すること」等）。その答申を受けて，1958（昭和33）年「中学校学習指導要領」を改訂し（「特に学級活動における進路指導においては，一方的な知識の注入に陥らないように留意し，生徒の自主的な活動を促すとともに，できるだけ具体的な事例に即して指導を行うなど，効果的な方法をくふうする必要がある。」等），そこに進路指導という文言が用いられた。今までの職業指導という文言に替えて進路指導を使うようになったのである。これによって，進路指導においては，就職指導を含み，総合的な指導ができる進路指導の実現を目指していったのである。

その後，日本経済が飛躍的に成長を遂げた，いわゆる「高度経済成長」の時代に入り，「オリンピック景気」や「日本列島改造論」と呼ばれる時期が続いた。産業経済が発展する中で，進学率はますます上昇していった。そのような中，学校教育における進路指導は，職業斡旋教育，受験準備教育と揶揄されることもあった。

18) 内藤勇次『生き方の教育としての学校進路指導』北大路書房，1991，pp.1-15.

内藤が指摘するように，本来，進路指導は，児童生徒が「いかに生きるか」という自身への問い掛けと真摯に向き合う中における自身の選択である。進路指導が生涯にわたる生き方の指導であるという点を忘れてはならない[18]。

進路指導の定義については，「生徒の個人資料，進路指導情報，啓発的経験および相談を通して，生徒みずから，将来の進路の選択・計画をし，就職または進学して，さらにその後の生活によりよく適応し，進歩する能力を伸張するように，教師が組織的・継続的に援助する過程である」とされている[19]。これは，進路指導は，児童生徒が将来に向けて自己実現できるために学び続けることを，教員が組織的，継続的に援助する教育活動であることを示している。

進路指導の活動領域については，① 生徒理解・自己理解，② 進路情報資料の収集と活用，③ 啓発的経験，④ 進路相談，⑤ 就職・進学等への指導・援助，⑥ 追指導，の6つに分けることができる[20]。一方，キャリア教育の活動では，「職業観・勤労観の形成」に関わる能力として，4つの能力 ① 人間関係形成能力，② 情報活用能力，③ 将来設計能力，④ 意思決定能力を，小・中・高等学校の各段階で身に付けるものとされている[21]。このキャリア教育という文言は，中央教育審議会答申において初めて出てきた[*3]。

その後，2006（平成18）年に教育基本法が，2007（平成19）年には学校教育法が改正されることとなる。教育の目標の一部に「職業及び生活との関連を重視し，勤労を重んずる態度を養うこと」が位置付けられ，また学校教育法において，義務教育の目標の一つとして「職業についての基礎的な知識と技能，勤労を重んずる態度及び個性に応じて将来の進路を選択する能力を養うこと」が規定された。これによって，小学校からの体系的なキャリア教育に対する法的な根拠が裏付けられたといえる。

そして，2011（平成23）年1月の中央教育審議会「今後の学校におけるキャリア教育・職業教育の在り方について（答申）」においては，キャリア教育に加えて職業教育の重要性が指摘され，キャリア教育で育成すべき能力として，基礎的・汎用的能力（第13章，p.129〜 参照）が示された。

また，大学等の高等教育においても，キャリア教育・職業教育の充実のために2011（平成23）年には，大学設置基準が改正され，キャリア教育・職業教育に取り組むことになった。

このような施策が展開する中で，2008（平成20）年の中央教育審議会答申「幼稚園，小学校，中学校，高等学校及び特別支援学校の学習指導要領等の改善について」においても，新しい学習指導要領でのキャリア教育の充実が求められた。また，同年3月には小学校と中学校の学習指導要領が，2009（平成21）年には高等学校の学習指導要領がそれぞれ本答申に基づいての改訂に結びついていくのである。

さらに，2008（平成20）年に「教育振興基本計画」が閣議決定され，今後5年間に取り組むべき施策の一つとして「関係府省の連携により，キャリア教育

---

19) 文部省「中学校・高等学校進路指導の手引き−中学校学級担任編」1961.

20) 文部省「進路指導の手引−中学校学級担任編（三訂版）」1994.

21) 国立教育政策研究所生徒指導研究センター「職業観・勤労観を育む学習プログラムの枠組み（例）」2004.

*3 「キャリア教育（望ましい職業観・勤労観及び職業に関する知識や技能を身に付けさせるとともに，自己の個性を理解し，主体的に進路を選択する能力・態度を育てる教育）を小学校段階から発達段階に応じて実施する必要がある」
中央教育審議会「初等中等学校との接続の改善について」1999.

を推進する。特に，中学校を中心とした職場体験活動や，普通科高等学校における キャリア教育を推進する」ことが示されたのである。

5　これからの進路指導が目指すもの

「今後の学校におけるキャリア教育・職業教育の在り方について」（答申）の中で示された基本的・汎用的能力を踏まえ，現行学習指導要領で，小・中・高等学校を問わず，全ての学習指導要領総則が「児童（小）/生徒（中・高）が，学ぶことと自己の将来とのつながりを見通しながら，社会的・職業的自立に向けて必要な基礎となる資質・能力を身に付けていくことができるよう，特別活動を要としつつ各教科等（小・中）/各教科・科目等（高）の特質に応じて，キャリア教育の充実を図ること」と明示された。

特に「キャリア形成と自己実現」においては，キャリア教育の視点からの小・中・高等学校のつながりが明確になるよう，「学校，家庭及び地域における学習や生活の見通しを立て，学んだことを振り返りながら，新たな学習や生活への意欲につなげたり，将来の生き方を考えたりする活動を行うことが重要とされた。その際，児童（小）/生徒（中・高）が活動を記録し蓄積する教材等を活用すること」と明記している[22]。そして，これが自身の変容や成長を自己評価し，それをポートフォリオとしての「キャリア・パスポート」に結びつけたのである。これからの進路指導・キャリア教育が目指すものとしては，こういった今日までの流れを踏まえつつ，現場にほとんど定着していないとされるキャリア・カウンセリングを充実させていくことをぜひ提案したい[23]。

本章の総括として，筆者自身が生徒指導・進路指導のご指導を拝した，内藤勇次氏の言葉を付記し，各章へのつなぎとしたい。「生徒指導も進路指導も教育の不易『教育は人なり』であり，教師が子供たちに人生の生き方のロールモデルを示すことが肝になる」

●演習課題

課題1：児童生徒に自己指導能力を育成するためのポイントについてまとめてみよう。

課題2：「ほめる」と「認める」の違いについて考えてみよう。

課題3：「ポートフォリオ」の活用がキャリア教育の充実のために必要な理由について考えてみよう。

課題4：「進路指導」と「キャリア教育」の違いについて考えてみよう。

22) 16) と同じ.

23) 国立教育政策研究所「『語る』『語らせる』『語り合わせる』で変える！キャリア教育−個々のキャリア発達を踏まえた"教師"の働きかけ−」2016.
多田孝志『グローバル時代の対話型授業の研究』東信堂，2017.

コラム

コラム　構成的グループエンカウンター

　「兵庫県教育委員会主催　家庭教育指導者研修」が実施され，筆者も受講者として参加した。講師は本書の編著者である住本克彦氏であった。

　そこでは住本克彦氏から，家庭教育指導者としての心構えや理論とともに，「構成的グループエンカウンター公認リーダー」として具体的なエクササイズ（質問マッサージ等）が紹介され，実習を通して「信頼関係づくり」を実感することができた。それは「こんなに関係づくりに効果的な技法があったのか！」「明日からでもすぐに実践できそうだ！」等，筆者にとって，まさに衝撃的な出会いであった。そして，これが筆者と「構成的グループエンカウンター」との「first encounter」であった。

　この「構成的グループエンカウンター」は，SGE（Structured Group Encounter，以下，SGEと表記）とも呼ばれ，「構成的」とは枠（時間，グループサイズ，テーマ等）を設定すること，「グループ」とは，集団体験を通して学ぶということである。「エンカウンター」とは出会い，ふれあいのことである。したがって，枠を設定した上で集団体験を通して本音でのふれあい（人間関係づくり）と自己発見を促し，人間的な自己成長をねらう活動のことをいう。枠を設定しているために教育現場にはなじみやすい技法である。

　SGEは，その構成要素として，「エクササイズ」と「シェアリング」を2本の柱とし，グループ内において，メンバーの① 自己理解，② 他者理解，③ 自己受容，④ 信頼体験，⑤ 感受性，⑥ 自己主張等の能力を促進し，SGEの基本的な流れは，表のようになる。

　教育現場における様々な課題解決のため，是非活用して頂き「心の教育」を一層充実させて頂きたい。

表　構成的グループエンカウンター（SGE）の流れ

	項目	内容
1	ねらいと内容の説明	リーダーが，ねらいと内容の説明をする。
2	ウォーミングアップ	心身の準備運動としてアイスブレイクを実施する。
3	インストラクション	リーダーが，エクササイズの内容等の説明をする。
4	エクササイズの実施	集団の実態に合ったエクササイズを実施する。
5	シェアリング	メンバー同士で，気付きや感情の分かち合いをする。
6	まとめ	教師からのフィードバック

出典）住本克彦編著『コンパス教育相談』建帛社，2022，p.54（表6−1）.

第1章　生徒指導・進路指導とは何か

コラム　　自己肯定感（自尊感情）の育成

　最近，「ヘリコプターペアレンツ」という言葉を耳にすることが増えてきました。これは，言葉の由来通り，子供が成長していく過程で，できるだけ困難（失敗）に直面しないように，保護者が子供にまとわりついて，過度な注意喚起を促していく状態をいうようです＊。つまり，保護者が子供に対してなるべく失敗をしないように，保護者が子供の意志を尊重せず，保護者の立場で物事を効率的に動かしていこうとする人為的な操作ともいえるかもしれません。このような状態では，子供が困難（失敗）を体験し，そこから気付きや学びを得て立ち上がろうとする成長過程を，保護者が妨害したり，奪ったりしているとも考えられます。

　私は現在，スポーツ科学の研究者兼教員で，かつてはアルペンスキーの選手でしたが，現在も青少年のアルペンスキー選手の育成に携わっています。そこで，スキーの上達に，「転ぶ」感覚は必須であると感じています。スキー操作を誤ってしまうと転んでしまいますが，転んだ本人は転ぶことにより，体重のかけ方やバランスの取り方等のスキー操作全体における「塩梅」を学んでいきます。つまり，「失敗（転ぶこと）」をすることで，「成功（パフォーマンスレベルの向上）」へのヒント（手掛かり）を得ていきます。結果として，困難克服体験（成功体験）を増やすこと（場数をこなすこと）につながり，「やればできるんだ」という自己肯定感が累積的に育くまれていくと思われます。

　私自身，アメリカとカナダの大学院生であった頃，大学院入学や就職準備のための小論文を書くトレーニングを受けていたことがあります。その時に感じたのは，心に響く小論文は，困難に直面した際に，どのようにその局面を乗り越えて，現在に至っているかというその人なりの唯一無二の成功体験が述べられているということでした。一方，私自身，教員という立場で現在，小論文の書き方について学生に情報提供する立場にあるので，様々な小論文を閲覧する機会があります。その際に，今もなお日本の大学受験や就職における小論文の内容の多くは，志願者のよい面ばかりを煌びやかに述べているような感じを受けます。これは結果だけを述べている印象を受け，どのような過程で成長してきたか（どのように困難を克服し成功につなげてきたか＝唯一無二のオリジナル体験）という最も本質的な部分（本人の個性が際立つ部分）が欠如しているようにも感じます。そこで，私自身がご縁のあった学生には，たとえ少しの達成体験しかなかったとしても，小さな喜びのあった体験から書くことを勧めています。そのことにより，学生自身が自己の成長を振り返ることになり（これでよかったのだという肯定的回想→喜び・満足感の増大→自己成長の気付き），自己肯定感を促すことにつながっていると感じています。

　時の一点で考えると，学生における「ある失敗」は一時的な困難となるかもしれませんが，保護者や教員はその困難に介入し過ぎず，長い目で向き合い（視座や視点を高く，視野を広くして，その困難にある背景や経緯等を熟考しながら），段階的に改善や修正を行うことで（本人自身の気付きを促す），困難（失敗）が成功への大きな架橋へと切り替わっていくのではないでしょうか。そして，その成長過程において，学生は自らの体験から自己肯定感を育んでいくと思います。誰しもが人生のバッターボックスに入れるのは1人のみです。成長過程にある各学生が人生のバッターボックスに入るまでの準備段階において，私たち教員は，忍耐強く愛情をもって学生に接し，励ましの言葉を掛けながら（小さな成功体験を繰り返し褒めることで，本人の自己肯定感を後押しする），大きな心で見守る度量が必要なのではないでしょうか。

＊　Amy Morin, *13 Things Mentally Strong Parents Don't Do*, William Morrow, 2017.

第2章 生徒指導と教育課程

生徒指導上の諸問題を未然に防ぎ，生徒指導の目的を達成するためには，教育課程との関連は欠かすことができない。本章では教育課程と生徒指導の関連をはじめ，各教科や教科外の教育活動と生徒指導がどのように相互に関連しているのかを，具体的なアプローチの例も踏まえながら理解するとともに，自らの生徒指導に対する意識についても振り返り，改めて生徒指導の意義や目的，重要性について理解を深める。

1 学習指導要領と生徒指導

（1）児童生徒の発達を支える教育課程

全国のどこの地域で教育を受けても，一定の水準の教育を受けられるようにするため，文部科学省では，学校教育法等に基づき，各学校で教育課程を編成する際の基準を定めている。これが『学習指導要領』である。

生徒指導に関する記述については，『小（中）学校学習指導要領』「第1章総則」の「第4児童（生徒）の発達の支援[1]」の中の一つに，「児童（生徒）が，自己の存在感を実感しながら，よりよい人間関係を形成し，有意義で充実した学校生活を送る中で，現在及び将来における自己実現を図っていくことができるよう，児童（生徒）理解を深め，学習指導と関連付けながら，生徒指導の充実を図ること」と示され，生徒指導の目指す方向性が示された。

また，『小（中）学校学習指導要領解説 総則編[2]』では，「生徒指導は，学校の教育目標を達成するために重要な機能の一つであり，一人一人の児童（生徒）の人格を尊重し，個性の伸長を図りながら，社会的資質や行動力を高めるように指導，援助するものである」としている。これらのことから，学校教育目標の実現に向けて，教員は学習指導と生徒指導の両面から取り組むことが重要で

1）文部科学省『小学校学習指導要領（平成29年告示）』2017，p.23.
文部科学省『中学校学習指導要領（平成29年告示）』2017，p.25.

2）文部科学省『小学校学習指導要領（平成29年告示）解説 総則編』2018，p.99.
文部科学省『中学校学習指導要領（平成29年告示）解説 総則編』2018，pp.97-98.

第2章　生徒指導と教育課程

学習指導要領
↓

各学校で児童生徒や地域の実態に応じた教育課程の作成
↓

教科指導	生徒指導
○知識・技能の習得，思考力・判断力・表現力の育成などに関わる。	○個性の発見とよさや可能性の伸長，社会的資質・能力の発達，自己実現など人格形成に関わる。
○学校教育を通して「大人社会・全体社会」へと成長・発達していきます。その中心は，言うまでもなく「学習指導」，いわゆる「教科教育」です。 ○児童生徒は，学習を通して自らの「社会的資質」を伸ばし，段階を上るように新たな「社会的能力」を獲得し，さらにそれらの資質や能力を活用して「自己実現」を目指します。	○学習指導を取り巻くようになされる働きかけ，児童生徒の自発的・主体的な成長・発達を促す働きかけが，「生徒指導」です。 ○児童生徒への「癒し・励まし」，集団生活に求められる「きまりの指導」，校内・校外でなされる「体験活動」の提供，さらには，「将来像の提示」により不確かな未来を照らし児童生徒を守るために，「非行防止」等の指導も行います。

図2－1　学習指導要領における教科指導と生徒指導の関連

出典）滝 充「小学校からの生徒指導～『生徒指導提要』を読み進めるために～」国立教育政策研究所紀要140号，2011.

あることが理解できる。なお，学習指導要領における教科指導と生徒指導の関連は図2-1の通りである。

（2）児童生徒の発達を支える指導の充実

『小（中）学校学習指導要領』において「よりよい学校教育を通じてよりよい社会を創る」という目標を学校と社会が共有し，それぞれの役割を果たすことができるように，「子供一人一人の発達をどのように支援するか」という児童生徒の発達を支える視点に立つことの重要性が示された。教育課程の編成及び実施に当たっては，① 学級・ホームルーム経営の充実，② 生徒指導の充実，③ キャリア教育の充実，④ 個に応じた指導の充実について配慮して作成することが示された[3]。これらの要点については，以下の通りである。

3）文部科学省『小学校学習指導要領（平成29年告示）』2017，pp. 23-24.
文部科学省『中学校学習指導要領（平成29年告示）』2017，p.25.

1）学級・ホームルーム経営の充実

学習や生活の基盤として，教員と児童生徒との信頼関係及び児童生徒相互のよりよい人間関係を育てるため，日頃から学級経営の充実を図ること。また，主に集団の場面で必要な指導や援助を行うガイダンスと個々の児童の多様な実態を踏まえ，一人一人が抱える課題に個別に対応した指導を行うカウンセリングの双方により，児童生徒の発達を支援する。

2）生徒指導の充実

児童生徒が，自己の存在感を実感しながら，よりよい人間関係を形成し，有意義で充実した学校生活を送る中で，現在及び将来における自己実現を図って

いくことができるよう，児童生徒の理解を深め学習指導と関連付けながら，生徒指導の充実を図る。

３）キャリア教育の充実

児童生徒が，学ぶことと自己の将来とのつながりを見通しながら，社会的・職業的自立に向けて必要な基盤となる資質・能力を身に付けることができるよう，特別活動を要としつつ各教科等の特質に応じて，キャリア教育の充実を図る。

４）個に応じた指導の充実

児童生徒が学習内容を確実に身に付けることができるように，教員は個々の児童生徒の能力・適性，興味・関心等，児童生徒の特性を十分に理解した指導を行う。また，学校の実態に応じて教員間の協力体制の確保や指導方法，指導体制の工夫改善に努め，個に応じた指導の充実を図ることが重要である。

このような内容を踏まえ，教育活動を進めていくことが，「児童生徒一人一人の個性の発見」「よさや可能性の伸長」「社会的資質・能力の発達を支える」という生徒指導の目的を達成することにつながる。

2　各教科における生徒指導の意義

児童生徒にわかりやすい授業を展開し，教育活動の質を向上させるためには，学校が教科指導において生徒指導を充実させることは不可欠である。このことは児童生徒一人一人に楽しくわかる授業を実感させたり，一人一人が生き生きと学習に取り組むことを通して，学校や学級・ホームルームの中で人間関係を調整・改善し，豊かな人間性を育成することにつながる。

各教科指導と生徒指導は相互に深く関わり合っており，教科において生徒指導を充実させることは，生徒指導上の課題を解決するにとどまらず，児童生徒一人一人の学力向上にもつながる。また，基本的な生活習慣が改善されることで，不登校や学習への不適応等の課題が解決されることも考えられる。

（1）多様な情報収集とチームの共通理解による指導の充実

学校は児童生徒の実態に応じた個に応じた指導を充実することが重要である。授業を進めるうえで，個々の児童生徒の学習内容の習熟の程度の把握をはじめ，興味・関心，学習意欲や授業への参加状況，学習上のつまずきの原因等，児童生徒一人一人の学習・生活状況のきめ細かな情報収集[*1]は，継続的で確かな児童生徒理解につながる。また，児童生徒の学習の意欲や質を高め，学力向上につなげられる。さらに，これらの情報に関連する教職員が共有，検討・分析し，具体的な目標や支援方法等について明確にすることが望まれる。

*1　情報収集には以下の方法がある。
① 児童生徒理解に関する情報の収集
・学級・ホームルームの学習の雰囲気
・気になる児童生徒の言動等
② 課題・テスト・各種調査・生活日誌等の客観的情報収集
③ 出欠・遅刻・早退，保健室の利用等の客観的情報収集
④ ICT端末を活用し，児童生徒人一人の客観的情報を抽出し整理

出典）文部科学省『生徒指導提要（改訂版）』2022，pp.45-46.

（2）教科の指導と生徒指導の一体化

授業は全ての児童生徒を対象としており，そこでの生徒指導は発達支持的生徒指導*2の場であることから，各教科の指導と生徒指導を一体化させた授業づくりは，生徒指導実践上の視点[4]である自己存在感の感受，共感的な人間関係の育成，自己決定の場の提供，安全・安心な風土の醸成を意識した実践につなげることが重要である。

１）自己存在感の感受を促進する

授業を通して児童生徒一人一人のよさや得意分野を積極的に生かしたり，活躍の場を創造したりすることで，学習に対して充実感や達成感を味わい自己存在感を育んだり，発表や報告の場を設定し，みんなから認められたり大切にされたりすることで自己有用感を育んだりすることができる。また，個々の児童生徒の学習状況等に基づく「指導の個別化」や児童生徒の興味・関心，キャリア教育の方向性に応じた「学習の個性化」により「個別最適な学び[5]」を実現する授業の工夫は，学習への興味・関心や質を高めることにもつながる。

２）共感的な人間関係を育成する

学校は「小さな社会」といわれ，学級では授業や活動を通して互いに認め合い，協力し合い，支え合う中で，共に学び合う学習集団づくりを促進すると共に，集団の意義や素晴らしさを実感できるようにすることが大切である。そのためには，友だちの考えや発表にしっかり耳を傾けたり，間違いや失敗を笑ったりしない共感的な人間関係を踏まえた授業づくりが重要である。また，このような共感的な人間関係が育つ学習集団は，いじめや非行防止等の基盤となる。

３）自己決定の場を提供する

児童生徒が，授業の中で自らの考えを発表したり，観察・実験・調べ学習等を通してレポートにまとめたりする過程で，自ら考え，判断し，決定する力を身に付けることで，「自らの可能性を切り拓く」という生徒指導の目的の達成につなげることができる。このような学習を進めるには，教員が意見発表の場を提供したり，他者との交流や議論の機会を設けたりする等，児童生徒の学びを積極的に促進する役割を果たすことが必要である。

４）安心・安全な風土を醸成する

児童生徒にとって，学級・ホームルームは学習や生活等，学校生活の基盤となるものであり，教育課程における授業や活動も学級・ホームルームを基盤として実践される。これらのことから，児童生徒は学校生活の多くの時間を学級・ホームルームで過ごすため，自分と他の児童生徒や集団との関係が学校生

*2 **発達支持的生徒指導**：第8章，p.81を参照。

4）文部科学省『生徒指導提要（改訂版）』2022，p.46.

5）中央教育審議会「「令和の日本型学校教育」の構築を目指して～全ての子供たちの可能性を引き出す，個別最適な学びと協働的な学びの実現～（答申）」2021，pp.15-18.

活に大きな影響を与える。そのため，教員は，学級・ホームルームでの個別指導や集団指導の工夫を図りながら，教員と児童生徒，児童生徒相互のよりよい人間関係を築いたり，上記のような授業実践を繰り返し行ったりする。そのような実践により支持的風土が醸成され，学級や学校が児童生徒にとって，安心・安全に学習をしたり生活をしたりする「居場所[6]」としての役割果たすことができる。各教科の授業で行われる生徒指導は，学級・ホームルームの全児童生徒を対象に実施する発達支持的生徒指導や課題未然防止教育と重なるものである。

3　道徳教育と生徒指導

（1）道徳教育と生徒指導の相互関係

　道徳教育[*3]は，自立した人間として他者と共によりよく生きるための基盤となる道徳性を養うことを目標とする教育活動であり，道徳科の授業を要として教育活動全体を通じて行われるものである。一方，生徒指導は「社会の中で自分らしく生きることができる存在へと児童生徒が，自発的・主体的に成長や発達する過程を支援する[7]」意図で，教育活動のあらゆる場面で行われるものであり，どちらも児童生徒の人格のよりよい発達を目指すものである。

　例えば，道徳教育における児童生徒の道徳性が養われれば，児童生徒の日常生活における道徳的実践が確かなものになり，このことは自己実現にもつながるため，生徒指導も充実する。また，生徒指導が充実すれば，児童生徒が望ましい生活態度を身に付けることにつながることから，道徳性を養うという道徳教育のねらいを側面から支えることになる。このように，道徳教育と生徒指導とは緊密な関係にあるといえる。

（2）道徳科の授業と生徒指導

　道徳科[*4]の授業は，道徳教育の要として道徳的諸価値についての理解を基に，自己を見つめ（人間として），物事を（広い視野から）多面的・多角的に考え，自己（人間として）の生き方についての考えを深める学習を通して道徳的な判断力，心情，実践意欲と態度を育てることにある。道徳科の授業では，単なる道徳的な知識を学ぶだけではなく，実際の生活や行動に生かす道徳性を身に付けることが求められている。なお，道徳科の授業と生徒指導には次のような相互補完関係がある。

6) 国立教育政策研究所生徒指導・進路指導研究センター「生徒指導リーフ2『絆づくり』と『居場所づくり』」2015.

*3　道徳教育：道徳教育は，教育基本法及び学校教育法に定められた教育の根本精神に基づき，自己（人間として）の生き方を考え，主体的な判断の下に行動し，自立した人間として他者と共によりよく生きるための基盤となる道徳性を養うことを目標とすること。
出典）文部科学省『小学校学習指導要領（平成29年告示）』2017，p.17.
（カッコ内は『中学校学習指導要領』2017，p.19）

7) 文部科学省『生徒指導提要（改訂版）』2022，p.12.

*4　道徳科の目標：第1章総則の第1の2に示す道徳教育の目標に基づき，よりよく生きるための基盤となる道徳性を養うため，道徳的諸価値についての理解を基に，自己（人間として）を見つめ，物事を（広い視野から）多面的・多角的に考え，自己（人間とし

第2章　生徒指導と教育課程

（＊4　続き）
て）の生き方について
の考えを深める学習を
通して，道徳的な判断
力，心情，実践意欲と
態度を育てる。
出典）文部科学省『小
学校学習指導要領解説
特別の教科 道徳編』
2018, p.16.（カッコ内
は『中学校学習指導要
領解説 特別の教科 道
徳編』2018, p.13.）

8）文部科学省『生徒
指導提要（改訂版）』
2022, p.20.

9）文部科学省『小学
校学習指導要領（平成
29年告示）』2017, pp.
165-170.
文部科学省『中学校学
習指導要領（平成29年
告示）』2017, pp.154-156.

1）道徳科の授業の充実を図る生徒指導

① **道徳科の授業に対する学習態度の育成**：児童生徒が自主的に判断・行動し，積極的に自己を生かすことを目指すように，教員が発達支持的生徒指導の充実を図ることは，自分の生き方と関連付けて学習を進める態度を身に付けることになり，道徳科の授業の充実につながる。

② **道徳科の授業への資料提供と活用**：児童生徒理解や生徒指導上で使用した調査結果や資料提供の活用により，道徳的価値の理解を深めたり道徳的価値の自覚に役立てたりすることができる。

③ **学級内の人間関係や環境を整備し，道徳科授業への望ましい雰囲気の醸成**：児童生徒の人間関係を深め（発達支持的生徒指導），一人一人の悩みや問題の解決（困難課題対応的生徒指導[8]），教室内の座席の配置やグループの編成の弾力化（課題予防的生徒指導[8]）等は，道徳科の授業の充実につながる。

2）生徒指導の充実を図る道徳科の授業

① **生徒指導を進める望ましい雰囲気の醸成**：道徳科の授業で児童生徒の悩みや葛藤等の心の揺れ，人間関係の理解等の課題を取り上げ，自己の生き方を深く考え，道徳的実践につながる力を育てることは，よりよく生きる喜びや勇気を与えることにつながり，その指導効果の向上にもつなげることができる。

② **道徳科の授業を生徒指導につなぐ**：学習指導要領には，道徳科の授業で指導する内容[9] として，次のような内容が示されており，これらの指導は発達支持的生徒指導へとつなぐことができる。

　・規律ある生活に関すること。

　・他者に対する思いやりや感謝の心を持つ。

　・相互理解に努める。

　・法やきまりの意義を理解し，遵守する。

　・公正，公平な態度で接し，正義の実現に努める等。

③ **道徳科の授業展開の中に生徒指導の機会を取り入れる**：道徳科の学習で，教員と児童生徒や児童生徒相互の意見交流やグループ学習を取り入れた人間的な触れ合いの機会をもつことは，互いの人間関係・信頼関係を築く発達支持的生徒指導につながる。また，場に応じた適切な話し方や受け止め方等の望ましい態度の形成は課題予防的生徒指導を行う機会となる。特に，道徳科の指導においては，他の教育活動との関連を図りながら，問題解決的な学習や体験的な学習等，多様な方法を取り入れ，一層の授業改善・充実に努め，実際の生活や行動に生かす力を身に付けることが重要である。

4 特別活動，総合的な学習の時間と生徒指導

(1) 特別活動と生徒指導

　特別活動[*5]は，「なすことによって学ぶ」ことを方法原理とし，「集団や社会の形成者としての見方・考え方を働かせ，様々な集団活動に自主的・実践的に取り組み，互いのよさや可能性を発揮しながら集団や自己の生活上の課題を解決する」ことを通して，資質・能力を育む教育活動である。なお，特別活動の指導に当たっては，児童生徒の発達段階に応じた教員の適切な指導・支援のもと，児童生徒の自発的，自治的な活動が行われる教育活動である。

　特別活動の特質や教育課程全体における特別活動が果たす役割等から「人間関係形成」「社会参画」「自己実現」の3つを育成すべき資質・能力の視点としてあげている。

　特別活動は児童生徒の自主性や自発性を尊重し，互いのよさや可能性を発揮し，生かし，伸ばし合う集団活動にしていくことで，児童生徒一人一人の「個性の発見」「よさや可能性の伸長」「社会的資質・能力の発達を支える」生徒指導の目的の実現に向けて，教育課程の中心的な役割を果たしている。なお，特別活動の特質と生徒指導の関わりについて，次の3点である[10]。

① 所属する集団を，自分たちの力によって円滑に運営することを学ぶ。
② 集団生活の中でよりよい人間関係を築き，それぞれが個性や自己の能力を生かし，互いの人格を尊重し合って生きることの大切さを学ぶ。
③ 集団としての連帯意識を高め，集団や社会の形成者としての望ましい態度や行動の在り方を学ぶ。

　以下，特別活動である各活動（学級・ホームルーム活動，児童・生徒会活動，クラブ活動），学校行事を通して，生徒指導との関連を検討する。

1) 学級・ホームルーム活動と生徒指導

　学級・ホームルーム活動における自発的，自治的な活動は，学級・ホームルーム経営の充実を図ると共に，互いを尊重し合う人間関係等，教科等における協働的な学びの基盤づくりに貢献する役割を担っており，発達的支持的生徒指導と重なるといえる。なお，学級・ホームルーム活動には，以下の3つがある[11]。

① 学級（注：高等学校ではホームルーム）や学校における生活づくりへの参画。
② 日常の生活や学習への適応と自己の成長及び健康安全。
③ 一人一人のキャリア形成と自己実現。

*5 **特別活動の目標（小・中学校）**：集団や社会の形成者としての見方・考え方を働かせ，様々な集団活動に自主的，実践的に取り組み，互いのよさや可能性を発揮しながら集団や自己の生活上の課題を解決することを通して，次のとおり資質・能力を育成することを目指す。
(1) 多様な他者と協働する様々な集団活動の意義や活動を行う上で必要となることについて理解し，行動の仕方を身に付けるようにする。
(2) 集団や自己の生活，人間関係の課題を見いだし，解決するために話し合い，合意形成を図ったり，意思決定したりすることができるようにする。
(3) 自主的，実践的な集団活動を通して身に付けたことを生かして，集団や社会における生活及び人間関係をよりよく形成するとともに，自己の生き方についての考えを深め，自己実現を図ろうとする態度を養う。
出典）文部科学省『小学校学習指導要領（平成29年告示）』2017, p.183.
文部科学省『中学校学習指導要領（平成29年告示）』2017, p.162.

第2章　生徒指導と教育課程

10）文部科学省『小学校学習指導要領解説 特別活動編』2018, p.41.
文部科学省『中学校学習指導要領解説 特別活動編』2017, p.38.

11）文部科学省『小学校学習指導要領（平成29年告示）』2017, pp.183-184.

*6　児童会活動の内容：①児童会の組織づくり，児童会活動の計画や運営，②異年齢集団による交流，③学校行事への協力。
出典）文部科学省『小学校学習指導要領』2017, pp.185-186.
生徒会活動の内容：①生徒会の組織づくり，生徒会活動の計画や運営，②学校行事への協力，③ボランティア活動などの社会参画。
出典）文部科学省『中学校学習指導要領』2017, p.164.

*7　クラブ活動の内容：①クラブの組織づくりとクラブ活動の計画や運営，②クラブを楽しむ活動，③クラブの成果の発表。
出典：文部科学省『小学校学習指導要領』2017, p186.

12）文部科学省『生徒指導提要（改訂版）』2022, p.64.

①は，学級・学校生活の充実向上のために話し合い，合意形成を図り，決まったことをもとに実践する自発的・自治的な活動の過程を通して，学級・ホームルームや学校への所属感や連帯感，参画意識を高めたり，社会性の基盤となる態度や行動を身に付けたりして，自己実現へとつなげていくことができる。

②・③は，児童生徒一人一人が，自己の生活上の課題に気付き，話合いを生かして自己の課題解決及び将来の生き方を描くために意思決定して実践する活動で，児童生徒の自己指導能力の育成を目指すことができる。また，③は，キャリア教育を進めるうえで要となる時間でもあり，社会の一員としてよりよい社会を形成しようとする意識や態度を醸成することにつながる。

このようなことから，学級・ホームルーム活動の活動内容と生徒指導は密接な関係にあり，生徒指導を進めるに当たり中核をなす教育活動といえる。

2）児童会・生徒会活動，クラブ活動と生徒指導

児童会・生徒会活動*6は，全校児童・生徒で組織する異年齢集団活動であり，学校生活の充実・向上に向けて，課題を見つけ，話し合い，協力して実践する過程で児童生徒の自治的能力や主権者としての意識を高める活動である。

一方，クラブ活動（小学校*7）は，主として第4学年以上の同好の児童による異年齢集団活動で，よりよいクラブづくりに参画し，共通の興味・関心を追求する過程で互いに理解し合い，よさを学び合う中で人間関係を豊かにしていく活動である。児童会活動と生徒会活動，クラブ活動（小学校）は，ねらいや活動形態等に違いはあるが，集団活動の基本的な性格や指導の在り方について共通した特色が見られる。それらの活動の役割や意義と生徒指導の関係について，以下のように考えられる[12]。

①　異年齢集団活動を通して，望ましい人間関係を学ぶ教育活動。

②　大きな集団の一員として，役割を分担し，協力し合う態度を学ぶ教育活動。

③　自発的，自治的な活動を通して，自主的な態度の在り方を学ぶ教育活動。

これらの活動は，高学年のリーダーシップやメンバーシップを育んだり積極的に役割を果たしたりする過程で，互いに支え合ったり協力し合ったりすることで豊かな人間関係や社会参画意識を高めることにつながる。

3）学校行事と生徒指導

学校行事*8は，学級の場を超えた全校または学年規模の集団で協力し，よりよい学校生活を築くための体験的な活動を通して，集団への所属感や連帯感を深め，公共の精神を養いながら資質・能力を育成する教育活動である。学校行事の特色や役割と指導の在り方について，以下のように考えることができる[13]。

①　学校生活を豊かな充実したものにする体験的な教育活動であること。

②　全校又は学年という大きな集団により人間関係を学ぶ教育活動であること。

20

③　多様な内容を含んだ総合的，創造的な教育活動にすることが重要であること。

文化的行事や体育的行事，遠足（旅行）・集団宿泊的行事では，全校縦割り班活動で，協力し励まし合ったり，集団宿泊活動や自然体験学習等で生活を共にし，役割を果たしたり支え合ったりする直接体験を通して人間関係を深めたりすることは，発達支持的生徒指導の充実を図るうえで重要な意義をもっている。このように特別活動は生徒指導の目的の達成に直接つながる教育活動といえる。

（2）総合的な学習の時間と生徒指導

総合的な学習の時間は，学習課題の解決に向かう学習過程を踏まえ，主体的に取り組み，協働的に学ぶことを重視する中で，個人や集団の学習の質を高め，よりよい課題の解決につなげる教育活動である。すなわち，自ら問いを見いだしたり，他者と協働的に課題に取り組んだりすることで，課題への意識が高まったり，多様なものの見方や考え方に触れたりすることで，解決への見通しが見えてきたりする。また，地域の人々や専門家等の人たちとの交流は，児童生徒の社会参画意識の醸成にもつながる。

このような学習活動は，生徒指導の目的と重なるものであり，教員は児童生徒の発達段階に応じた指導や援助行うとともに，生徒指導の実践上の視点を踏まえた直接的，間接的な支援を行うことが求められる。

また，総合的な学習の時間では，実社会や実生活の課題を探究しながら，自己の（在り方）生き方を問い続ける姿勢が求められている。学習活動における自己の生き方を考えるとは，以下の3点にまとめられる[14]。

①　人や社会，自然との関わりにおいて，自らの生活や行動について考えていくこと。
②　自分にとっての学ぶことの意味や価値を考えていくこと。
③　これらの2つを生かしながら，学んだことを現在及び将来の自己の生き方につなげて考えること。

児童生徒が自己を生かし，「何をすべきか」「どのようにすべきか」等，自己を模索し，自己を振り返り，現在及び自己の生き方につなげていく過程を支援していくことは，個性の発見とよさや可能性の伸長を図りながら自己実現につなげていく「生徒指導の目的」に通じるものである。

＊8　学校行事の内容：①儀式的行事,②文化的行事,③健康安全・体育的行事,④遠足（中学校は，旅行）・集団宿泊的行事,⑤勤労生産・奉仕的行事
出典）文部科学省『小学校学習指導要領』2017, pp.186-187.
文部科学省『中学校学習指導要領』2017, pp.164-165.

13）文部科学省『生徒指導提要（改訂版）』2022, p.66.

14）文部科学省『小学校学習指導要領解説　総合的な学習の時間編』2018, p.12.
文部科学省『中学校学習指導要領解説　総合的な学習の時間編』2018, p.12.

第2章　生徒指導と教育課程

●演習課題

課題1：学級・ホームルーム経営の充実を図るための，生徒指導の具体的な方法について考えてみよう。

課題2：教科指導と生徒指導の一体化について，具体的な事例について調べてみよう。

課題3：児童生徒の「自己存在感」や「自己有用感」を高める特別活動の具体的な事例について調べ，話し合ってみよう。

コラム　　生徒指導提要

「生徒指導」といえば，皆さん方はどのようなイメージをもつでしょうか？

皆さん方の中には，「服装チェックや遅刻の指導」「校則やルールを守らないことによる指導」等，今まで自分が見てきたこと，聞いたこと等を踏まえた「生徒指導のイメージ」が湧いてくるのではないかと思います。確かに，かつては，生徒指導といえば「気になる児童生徒」への対応，問題が起きてからの対応が中心でした。では，近年，生徒指導の基本的な考え方や取り組みの方向性はどのようになっているのでしょうか。

教育現場における生徒指導のバイブルともいえる『生徒指導提要』が，2022（令和4）年，12年ぶりに改訂されました。そこには，生徒指導は児童生徒の「問題行動を直す」という一般的なイメージとは異なり，「児童生徒の成長・発達を支える」という基本的な考え方や学習指導と生徒指導との一体化をはじめ，問題の未然防止，早期発見のために，全ての児童生徒を対象とした「積極的な生徒指導の充実」が強調されています。すなわち，問題が起きてからの対応では，手遅れになったり，児童生徒の成長・発達が不十分になったりする可能性が高まります。また，このことは生徒指導の目的でもある「個性の発見とよさや可能性の伸長」「社会的資質・能力の発達」「自己実現」への影響にもつながると考えられます。

このような生徒指導を各学校で効果的に進めていくために，「チーム学校の考え方」が紹介されており，他の教職員や多職種の専門家，関係機関がチームを組み役割分担をして，地域の人々と連携・協働して教育活動を展開することが重要であるとされています。

参考文献

関口洋美「『生徒指導』に対するイメージの変化―『生徒指導論』受講前と受講後の比較―」大分県立芸術文化短期大学研究紀要第53巻，2016.

文部科学省『生徒指導提要（改訂版）』2022，pp.70-72.

第 3 章 児童生徒理解の基本

生徒指導の基本は，児童生徒を肯定的に捉え，一人の人間として丸ごと受容し共感することにある。そのためには，一人一人の児童生徒を様々な視点から理解することが重要となる。また，児童期，青年期における発達上の心理的な課題といったものも理解しておく必要がある。ここでは，児童生徒理解の重要性について理解し，児童期，青年期での発達上の課題，及び個人資料の収集と活用について考えてみる。

1　生徒指導における児童生徒理解の重要性

　児童生徒理解は「児童生徒一人一人の個性の発見とよさや可能性の伸長と社会的資質・能力の発達を支える[1]」という生徒指導の目的を達成するために基本となるものである。児童生徒一人一人の発達を支えるには，教員が一人一人の児童生徒をかけがえのない存在として尊重，理解していることが基盤となっていなければならない。児童生徒は日々の学校生活の中で，様々な姿を見せる。教員は，児童生徒が見せる行動や言葉といった表に現れる一面だけを捉えてその子を判断し指導するのではなく，その子の抱えている目に見えない背景（家庭環境・生育・発達課題等）までを理解したうえで指導していくことが大切である。すなわち，一人一人の児童生徒を多角的，客観的に捉え，認識したうえで指導していくことが最も重要となる。

　しかしながら，一人の教員がそれぞれに違った家庭環境や生育，興味・関心や発達課題等を抱えている児童生徒一人一人を理解していくことは容易なことではない。そこで，児童生徒を理解するうえでは，学校が一つのチームとなり組織的，計画的に一人一人の児童生徒を様々な視点から理解していこうとする体制づくりが必要となってくる。

1) 文部科学省『生徒指導提要（改訂版）』2022, p.13.

（1）児童生徒を多面的・多角的に理解する

生徒指導では，担任の主観的な偏った見方による指導を行うことで，児童生徒との信頼関係を壊してしまう危険性をはらんでいる。そのようなことにならないためにも，児童生徒理解では，様々な立場の教職員や保護者等の異なる視点での情報収集が大切になる。白松は，「児童生徒理解においては，最低3つの視点から，個々の状況を把握する必要がある」と述べている[2]。

1）担任による視点

担任による視点とは，担任が児童生徒との日常での会話や日記，教育相談等によって把握，理解する視点である。担任は，学校生活の中では最も密に児童生徒と関わる存在である。児童生徒との信頼を築き，小さな変化にも気付く観察力を磨くことが大切となる。

2）他の教職員による視点

他の教職員による視点とは，担任外の教職員から見た時の視点である。児童生徒は，学校生活で様々な立場の教員と関わりをもっている。特に，専科や他教科の教員，養護教諭，部活動の担当の教員等は，担任とは違う目線で児童生徒と関わっている。そこでは，担任には見せない違う姿を見せる児童生徒も少なくない。担任が気付かなかった姿や思いといった情報を収集することで，児童生徒を多面的に理解していくことにつなげていく。

3）保護者や地域の人々による視点

保護者や地域の人々による視点とは，学校外で見せる児童生徒の様子で学校内では把握が難しい視点である。児童生徒の言動や考え方，価値観といったものは，家庭環境や生育といったことと大きく関係している。家庭でのことが原因で悩み，苦しんでいる児童生徒も少なくない。家庭訪問や教育相談等の機会を捉え，保護者との信頼関係を築くことで情報を収集し理解していくことが重要となる。また，地域の人々の視点は，登下校時の様子や休日の地域での遊びの様子等を通して，学校外での児童生徒の姿を知るうえで有意義である。

このように，児童生徒を多面的・多角的に理解するとは，担任や関係教員一人の見方で児童生徒を理解するのではなく，多方面から情報を収集し把握していくことにある。様々な視点から見ていくことは，児童生徒理解を行ううえで重要なことである。

2　児童期の心理と発達

児童期とは，6歳から12歳頃の小学校の時期をいう。児童期は，これまで家

2）白松 賢『学級経営の教科書』東洋館出版社，2017, pp.214-215.

庭中心だった生活から学校中心の生活へと生活環境が変化することで，学校生活への適応に関して様々な課題が現れてくる時期となる。

　児童期は，幼児期の特徴である自分自身の視点を中心に物事を捉え，客観的に見ることができない「自己中心性」から脱却し，物事を他者の視点から客観的に捉えることができるようになる「脱中心化」へと発達していく時期である。スイスの心理学者であるピアジェ（Piaget, j., 1896-1980）の思考の発達段階*1では，児童期は具体的操作期に該当する。幼児期に当たる前操作期*2では，「イメージや表象を用いて考えたり行動したりできるようになります。まだ論理的に頭の中で思考できず，頭の中で言葉やイメージなどを使って考える心的な操作が完全ではありません3)」。具体的操作期になると，「幼児期に獲得したイメージを浮かべる力（表象能力）を経て，頭の中で言葉やイメージを使って論理的に思考することができるようになる4)」。特徴的なこととしては，物の見た目が変わっても，数量は変わらないと認識する「保存の概念」（例えば，底の広いカップに入った水を筒状の背の高い容器に移し替えても水の量は変わらない）が身に付くことである。

（1）道徳性の発達

　ピアジェは，道徳性の発達を2つに分けて理論づけた（表3-1）。

表3-1　道徳性の発達

他律的道徳性	ルールや規律は絶対的なもの。大人に怒られるから守る。他者のルールに従う。
自律的道徳性	ルールや規律は仲間との合意の上で自分の意思で決める。自分自身のルールに従う。

出典）岡本祐子・深瀬裕子編著『エピソードでつかむ生涯発達心理学』ミネルヴァ書房，2013，p.75.

　小学校低学年の段階では，他律的道徳性が強く「大人が言ったことは，守らなくてはいけない」といった道徳観をもつ。「善悪の判断や具体的な行動については，教員や保護者の影響を受ける部分が大きいものの，行ってよいことと悪いことについての理解ができるようになります5)」。

　この段階の指導に当たっては，「行って良いことと，悪いこと」についての知識と理解を深めていき，善悪の判断，集団や社会のルールといった規範意識が身に付くように繰り返し行うことが大切である。

　小学校中学年から高学年にかけては，自律的道徳性が強まってくる時期である。一般的にギャングエイジといわれるこの時期には，気の合う仲間と仲間集団（ギャング集団）を形成するようになる。この集団の特徴は，仲間意識が高

*1　ピアジェは，思考の発達段階を感覚運動期（0～2歳）前操作期（2～7歳）具体的操作期（7歳～12歳）形式的操作期（12歳以降）の4つに分類している。

*2　前操作期（2～7歳）では，表彰機能が発達。特徴的なこととしては，自己中心性があげられる。

3)　文部科学省『生徒指導提要』2010，p.46.

4)　林 洋一監修『図解よくわかる 発達心理学』ナツメ社，2010，p.136.

5)　文部科学省『生徒指導提要』2010，p.52.

第3章　児童生徒理解の基本

＊3　集団のメンバーが同じ集団の一員としての自覚をもち，集団における目標や価値観を共有する意識。

く，結び付きも強いために，閉鎖的な集団になりやすいことにある。一方で，「われわれ意識＊3」が芽生え，集団の中で仲間と協力することや責任感，義務感といった社会性を身に付けていく。また，自分たちで集団の決まりやルールを作り守るようになり，集団での生活への適応等を学んでいく。

さらに，この時期には，保護者や大人からの心理的独立により，批判的な思考が育ち，自分の中の価値観により自分の行為を判断し決定しようとする。そのため，指導では，一方的に保護者や大人のルールを押し付けるのではなく，集団における役割の自覚や主体的な責任意識と自己肯定感を育てていくことが大切になる。

（2）自信のつまずき

＊4　エリクソンは，発達段階を8つのステージに分け，それぞれ固有の心理社会的課題と危機が存在すると捉えた。

6）文部科学省『生徒指導提要』2010, p.46.

発達心理学者のエリクソン（Erikson. E. H., 1902-1994）＊4は，児童期における心理社会的課題と危機を「勤勉性」と「劣等感」にあるとした。小学校へ入学し，同年代の児童と一緒に勉強や運動等をする中で，児童は，否が応でも自分と他の児童とを比較していくことになる。さらに，「児童期後半には，同年代の児童と比較して自分の能力を把握することが可能になる6）」。自分自身を客観的に見つめられるようになることは，成長の証でもあるが，一方では他者と自分を比較することで，「自分だけ授業が分からない」「どうしても苦手で，スポーツはできない」「テストの点数が友だちよりも悪い」等，できていない面にばかり目が向いてしまうことで，自信を失い，「私は他者より劣っている」といった劣等感につながる可能性がある。さらに，劣等感が強まってしまうと，「どうせ自分にはできない」と初めからやることを諦めてしまう学習性無力感＊5に陥ることも考えられる。

＊5　アメリカの心理学者セリグマン（Seligman, M.）が提唱した概念。どうにもならない状況が続くことで，最初から諦めてしまうこと。

劣等感を生む要因としては，「頑張ってもできなかった，分からなかった」という失敗経験を積み重ねていったことが考えられる。また，周りから受けた否定的な評価（他者との比較）から必要以上に自分に劣等感を感じてしまうことも要因の一つとしてあげられる。

このような劣等感を抱かないために指導に当たっては，一人一人の児童の能力や適正には個人差があることを理解し，一面的な能力の捉え方をせずに多角的に一人一人の児童のよさを見出し，褒めていくことが大切となる。また，児童自身が「できた」と思えるような成功体験を積ませることも重要である。周囲からの賞賛は大きな自信につながっていく。そのためには，最初から高い目標を立てるのではなく，できそうな目標から少しずつレベルを上げ，ステップアップしていくことで達成することへの意欲を継続させていくことも指導するうえで大切なことである。

26

3 青年期の心理と発達

児童期を過ぎた12歳〜23歳くらいまでを青年期と呼ぶ。青年期の前半は，思春期とも呼ばれ，中学，高校の時期と重なる。思春期の特徴としては，身長や体重が急激に増加していくだけでなく，性的にも成熟していくことがあげられる。男子は，声変わりや髭が濃くなり，やがて精通が起こる。女子は，体が丸みを帯び，乳房が大きくなり，初経を迎える。いわゆる第二次性徴である。こうした心身の変化に伴い，性的な関心も高まっていく。心身の発達に対して，心がついていけずに不安定になるのもこの時期である。

ピアジェの認知発達段階では，青年期は児童期における具体的操作期から抽象的なことについても論理的な思考ができるようになる形式的操作期の段階に入る時期となる。形式的操作期では，未知のことに対しても，これまでの知識や経験から，仮説を立てて，物事を論理的に考えることができるようになってくる。このことにより，批判的な思考も身に付き，保護者や教員の意見や指示に対して「なぜ」，「どうして」といった疑問を呈するようになり，反抗的な態度を見せるようにもなる。

（1）青年期の親子関係

保護者の価値観を絶対的なものとして，保護者の保護や監督によって守られてきた児童期から，青年期になると保護者の価値観に疑問をもち，保護者の思考や態度の矛盾に気付き，保護者から心理的に離れようとし始める。2歳頃の自我の芽生えによって，自分で何事もしたいという自己中心的な欲求によっておこる第一次反抗期に対して，保護者からの独立を目指すこの時期の反抗を第二次反抗期と呼んでいる。大人と子供の間で揺れ動き，大人に対して「大人（保護者や教員）は私のことを何も理解していない」といった批判的な態度を表したり，保護者や教員の言うことを否定したり反抗したりするのもこの時期の特徴である。アメリカの心理学者のホリングワース（Hollingworth, L.S., 1886〜1939）は，青年期のこのような特有な心理状態を心理的離乳[*6]と表現している。

*6 家族の監督から逃れ，独立した人格になるというもの。

（2）自己に関する悩み

自己概念とは「自分自身について抱いている自分のイメージ」と捉えることができる。青年期は，「認知機能や社会性の発達により，自分自身を客観的に見つめることができるようになると同時に，他者からの評価や，規範や価値など他者からの視点も内在化させながら自己概念を形成していく[7]」時期である。

7) 相馬英恵・板口典弘編著『発達心理学 こころの展開とその支援』講談社 2022, p.172.

第3章　児童生徒理解の基本

一方で，青年期特有な悩みとして，自己概念を形成していく中で，「自分とは一体何者なのか」「私はなぜここに存在しているのだろうか」といった自分に対する問いへの答えを模索していくことがあげられる。エリクソンは，この青年期の問いに対して答えようとする心の働きを「アイデンティティ（自我同一性）」と呼び，アイデンティティの確立を青年期における重要な心理的課題であるとしている。アイデンティティの確立とは，「自分は他の誰でもない自分自身である」といった確固たる自分を確立することである。アイデンティティの確立には，友だち関係や学校での体験活動，部活動，ボランティア活動やアルバイト等の役割実験*7が関与しており，アイデンティティが確立されることで，将来への展望が開け，自己肯定感が高まる。一方で，アイデンティティが確立されない状態をアイデンティティの拡散といい，将来の展望が開けずに何をやったらいいのか分からないといった状態に陥る。

*7　ある役割を引き受け体験することで，自分らしさや自分のあるべき姿を考えること。

このように，青年期の心理的な発達は，自分について悩み考え，自分についての認識が高まり，自己を確立することにあるといえる。

（3）友だち関係

友だち関係は，青年期における人間関係の重要なテーマである。心身の変化が激しく，保護者からの心理的な独立等，精神的に不安定なこの時期は，自分の考えに共感してくれる友だちの存在は重要な意味をもち，友だちとの関わりが与える影響は大きいものがある。中学生前後の友だち関係は，類似性・共通性を重視した，共通の趣味や関心に基づいたグループを形成する。この時期の特徴としては，排他的で凝集性の高い少人数による集団を形成することにある。したがって，同調性が高く，異質なものを排除する傾向も見られる。ゆえに，自分の意思とは違っても友だちと話を合わせたり，一緒の行動を取ったりと過剰に周りに合わせるといった過剰適応*8に陥ることにつながる。このような友だち関係は，「いじめ」や「不登校」を生む要因の一つにもなるので注意が必要である。高校生以上になると，これまでの類似性・共通性による関係性から，それだけではなく互いを自立した存在として，自他の違いを認め合いながら共存できる関係性へと変化していく。

*8　他者や周りの環境に合わせようと自分自身の気持ちや行動を過度に抑え込む状態。

青年期でのこのような友だち関係は，よりよい人間関係の形成，情緒的安定，自己形成といった社会化に大きく寄与する。すなわち，友だちとのトラブルやけんか等も含めて，対人関係を築くためのスキルを学ぶことになる。また，友だちと遊んだり，悩みを相談したりすることで，悩みや不安等の不安定な気持ちを和らげ，心を安定させることができる。さらに，友だちとの関わりを通して，自分自身の言動を見つめ，自分自身を知り，客観的に自己認知がで

4 生徒指導の個人資料の収集・活用

きるようになる。青年期における友だち関係は自己の成長に大きな影響を与える重要なものである。

4 生徒指導の個人資料の収集・活用

（1）個人資料の収集の方法

　児童生徒を多面的，多角的に理解していくには，児童生徒に関する情報収集が欠かせない。児童生徒の理解を深めるための情報収集の方法としては，次のような代表的な方法がある。

表3－2　情報収集の方法

収集の方法	目的
観　察	授業中や休み時間等における言動を観察することで，特性や友人関係等の傾向を把握する。
児童生徒との面談	児童生徒一人一人と個別に面談を行い，直接話を聞くことで教職員が把握したい事柄についての理解を深める。
アンケート	「いじめ調査アンケート」のように，児童生徒にとって直接言いにくいこと等を知ることで，いじめ等の早期発見に役立てる。ただし，アンケートに書けない児童生徒がいることにも留意する。
学習成果物	宿題の提出状況やノートや作品の成果物を見ることで学習への意欲や理解度，心の状況を把握する。
保護者との面談	家庭訪問，教育相談を通して，保護者から学校では把握できない家庭での様子や生育，保護者の考え方等を理解する。
専門機関との連携（心理検査等）	スクールカウンセラー（SC），スクールソーシャルワーカー（SSW），病院，児童相談所等の専門機関と連携をとりながら，心理検査等を行い，分析することで，一人一人の児童生徒の特性や配慮事項について専門的な視点から理解する。

（2）個人資料の活用

　このようにして集めた個人資料は，個人情報そのものであるため，その取り扱いについては，慎重でなければならない。活用に当たっては，情報が第三者や他の児童生徒等の目に触れたり，耳に入ることがないように教員全体の個人情報への意識を高める等，十分な留意が必要である。

　個人資料の活用については，① 問題行動等が発生する前の常態的・先行的（プロアクティブ）生徒指導，② 問題行動等が発生した後の即応的・継続的（リアクティブ）生徒指導，に分けて考えられる[8]。

　常態的・先行的（プロアクティブ）生徒指導とは，日々の教育活動で日常的に行われる生徒指導である。資料収集で得た個人情報をもとに，日頃より声掛

8）文部科学省『生徒指導提要（改訂版）』2022，p.18.

29

けを行うことで児童生徒との信頼関係を築いていく。また，気になる児童生徒への観察を行ったり，個別の相談を行ったりすることで，問題行動等の未然防止，早期発見に資料を活用する。

　即応的・継続的（リアクティブ）生徒指導では，学校全体で組織的にその対応に当たる必要がある。「なぜ，そのような事案が発生したのか」といったことについて，表面的に捉えるのではなく，当該児童生徒の抱えている背景や内面について探っていくことが大切になる。その際に，学校が収集した個人情報を教員全員で共有し，共通理解をもったうえで対応に当たることが大切になる。さらには，個別のケース会議等を行う場合には，関係機関等にも学校が把握している個人情報を共有する必要がある。

●演習課題

課題1：児童生徒の自己効力感を高めるには，学校でどのようなことに取り組んでいけばいいのか考えてみよう。

課題2：いじめが起こる要因について，発達心理学の視点から調べてみよう。

課題3：遅刻が多く，宿題もあまりやってこない，学校での学習意欲もあまり見られない児童がいたとする。この児童の行動から，この子が抱えている課題として考えられることを話し合ってみよう。

●参考文献

岡本祐子・深瀬裕子編著『エピソードでつかむ 生涯発達心理学』ミネルヴァ書房，2013.

渋谷昌三『面白いほどよくわかる 心理学』西東社，2017.

相馬英恵・板口典弘『発達心理学 こころの展開とその支援』講談社，2022.

コラム

コラム　アセスメント

　2010（平成22）年の生徒指導提要によれば，「アセスメントとは，『見立て』とも言われ，解決すべき問題や課題のある事例（事象）の家族や地域，関係者などの情報から，なぜそのような状態に至ったのか，児童生徒の示す行動の背景や要因を，情報を収集して系統的に分析し，明らかにしようとするものである*」と示されている。一般的にアセスメントを行ううえで意識しなければならないこととして，① アセスメントを行う目的を明確にしておくこと，② 様々な視点から正確で偏りのない信頼性のある情報を収集すること，③ 得られた情報を正確に分析し，評価者自身の主観や偏見を排除し適切に解釈すること，④ アセスメント結果を基に，具体的な行動計画や改善策を立て，実行可能な解決策を提案していくこと，等があげられる。

　生徒指導におけるアセスメントの目的は，児童生徒の状況や特性を正しく理解し，それを基に児童生徒が健全に成長していくたの支援や指導の在り方を探り，実施していくことにある。そのために，学校内だけでなく，家庭や地域そして関連機関（児童相談所，警察，病院等）からの情報を収集し，ケース会議等において様々な視点から情報を解釈することで，児童生徒にとってよりよい解決策を見つけ，実施していくことが必要となる。

　児童生徒は誰もが自分自身では解決しようもない，様々な背景を抱えて日々学校生活を送っている。児童生徒が見せる言動の背景には，様々な要因が複雑に絡み合い隠れていて，そのことを理解せずして生徒指導を行うことは，逆に児童生徒を傷つけ，追い込むことにもつながる。生徒指導上問題行動として表に出てくる言動の多くは，学習への理解の遅れ，友だち関係，家庭環境，発達段階での心理的課題，発達上の課題，児童虐待等がその要因の一つとなっている場合が多い。児童生徒の困り感や悩みに寄り添い，質の高いアセスメントを行っていくことが，信頼関係にもつながり，児童生徒自身を救う手立てとなるのである。以下の事例からアセスメントを考えてみよう。

　A君は，母子家庭の5人兄弟。毎日のように遅刻を繰り返し，服装は同じ服ばかりを着ており，季節感といったものはない。朝食は欠食が多く，基本的な生活習慣は十分には身に付いていない。授業中はじっとしていることができずに離席し教室から出ていくことも多い。自分の気の向いたことには集中して取り組むが，教員の指示に従うことや集団での行動は苦手としている。宿題等はやってこないが学習に対する理解力はあり，漢字や計算等は集中すると意欲的に解いていく。友だちに対する優しさがあり，友だちとトラブルを起こすことはなく，一人の世界に浸ることが多い。

　以上のようなA君の言動から，学校としては発達障害として注意欠陥多動性障害（ADHD）を疑っていたものの，母親はそのことを認めようとはしない状況にあった。A君の対応に

当たってはケース会議を月１回のペースで行い，アセスメントを実施していった。ケース会議の出席者は，管理職，担任，養護教諭，スクールソーシャルワーカー（SSW），児童相談所及び福祉課の担当職員である。ケース会議では，Ａ君自身と母親に関してもアセスメントを行っていった。アセスメントの目的は，① Ａ君自身が安心して適切な教育を受けられる環境をどうつくっていくのか，② 母親の精神的な安定と家庭環境の改善の２点であった。まずは，それぞれのもっている情報を出し合い，共有することから始めた。学校からは，管理職，担任，養護教諭がそれぞれに学校でのＡ君の状況についてと母親の様子について報告を行った。SSWからは，家庭訪問で聞くお母さんからの話や悩み，家庭の状況（経済的な面や子育て）等についての情報，児童相談所からは定期的な訪問やＡ君の心理検査等についての情報，福祉課からは生活保護での支援の状況についての説明等の情報が提供され，それらを共有していった。次に，出そろった情報をもとに，今後の対応について話し合っていった。今回のケースでは，Ａ君の現在の状況は家庭での生活環境が主な要因になっていることが明らかになった。お母さん自身が精神的に不安定さを抱えていている状態にあり，子供４人は自分たちで起きて，脱ぎ散らかしてある洋服を着て登校している状態であること，また，一番下の赤ちゃんの世話も子供たちがやっている状況であることもＡ君の言動に影響していることが明確に推測できた。このアセスメントの結果を基に，管理職が母親と何度も面談を行い，母親の苦しみや悩みを聞き，共有することで信頼関係を築いていった。Ａ君のために何をすることが最もよいことなのか，お母さん自身のためにはどうすることが一番よいことなのかについて話し合いを重ねていった。その結果，Ａ君は特別支援学級で個別の指導を受けることになり，母親は精神的な安定を取り戻すために入院治療という選択をすることになった。退院後の現在は，まだまだ課題はあるものの，様々な関係機関からの支援や助言をもらいながら家庭生活を送り，Ａ君自身も特別支援学級の中で生き生きと学習をすることができるようになった。

　アセスメントを有効に活用するためには，対象者と評価者との信頼関係が最も重要である。本事例でも管理職と母親との信頼関係がなければアセスメントで得た情報を行動として結び付けることはできなかったであろう。アセスメント結果を双方向で共有し意見交換することが大切である。事例の学校では状況の変化や新たな情報を基に継続的にA君及び母親へのケース会議を継続的に行っていると聞いている。継続的なアセスメントこそが児童生徒を支えていく生徒指導にとって最も重要なことである。

　＊　文部科学省『生徒指導提要』2010, p.104.

第4章 生徒指導と教育相談

　生徒指導は，児童生徒の個人としての「自己実現（個性化）」を支えると共に，社会づくりの担い手となるための「社会化」を支える働き掛けである。主に集団に焦点を当て，特別活動等において，集団としての成果や変容を目指し，結果として個の変容に至るところに特徴がある。教育相談は，「個性化」に軸足を置いた働き掛けである。主に個に焦点を当て，面接や演習等を通して個の内面の変容を図ろうとするところにある。ここでは，教育相談体制及び生徒指導と一体化したチーム支援の在り方を学ぶ。

1 教育相談の意義

　2023（令和5）年度の状況において，いじめ重大事態発生件数，不登校児童生徒数（小・中学生)[1]は，いずれも過去最多を更新し，自殺者数（小・中・高校生)[1]は微減であったが依然多い状況である。また，2022（令和4）年度の児童相談所における児童虐待相談対応件数[2]は過去最多を更新した。さらに，発達障害（第12章，p.117～参照）やLGBTQ等の性に関する課題，子供の貧困，ヤングケアラー，薬物乱用，SNSに関するトラブル等の問題が発生している。中でも，家庭における教育力・養育力の低下は，虐待の深刻化等に現れたり，地域の包容力の低下，スマホ・ネットの普及等は直接的な人間同士の関わり合いやコミュニケーションの不足を生じさせている。そのため，一人一人の児童生徒の様々な困り・悩みや悲しみ・苦しみ等に対して，きちんと向き合って働き掛ける教育相談はとても重要である。

（1）教育相談の目的

　「教育相談の目的は，児童生徒が将来において社会的な自己実現ができるような資質・能力・態度を形成するように働きかけることであり，この点において

1) 文部科学省「令和5年度児童生徒の問題行動・不登校等生徒指導上の諸課題に関する調査結果の概要」2024.

2) こども家庭庁「令和4年度 児童相談所における児童虐待相談対応件数」2024.

第4章　生徒指導と教育相談

3）文部科学省『生徒指導提要（改訂版）』2022，p.80.

生徒指導と教育相談は共通しています[3]」とされている。目的は共通であっても，生徒指導は集団や社会の中で求められる資質や能力の育成に重点を置いた働き掛けであるのに対し，教育相談は，一人一人の児童生徒がもっている個性や能力の伸長の援助に重点を置いた働き掛けである。この違いから，毅然とした指導を重視すべきか，受容的な援助を重視すべきかという指導・援助の方法について，教員間で意見の相違が生じることもある。しかし，教育相談は，生徒指導の一環として位置付けられており，全教職員の共通理解の下で，生徒指導と教育相談を一体化させて，取り組むことが必要である。

（2）教育相談の特質と生徒指導の関係

教育相談は，個別性を重視しているため，主に個別相談・面接やグループ相談・演習等を通じて，一人一人の児童生徒の教育上の諸課題について，本人及び保護者等を援助するもので，個の内面の変容を図ることを目指している。生徒指導は，主に集団に焦点を当て，特別活動等において，集団としての成果や発展を目指す中で，集団に支えられた個の変容を図ることを目指している。現在，社会の急激な変化と共に，児童生徒の発達上の多様性や家庭環境の複雑性が増しているため，それらの対応及び解決が喫緊の課題である。いじめ被害にあった児童生徒への対応，不登校の児童生徒への対応，障害等特別な配慮や支援を要する児童生徒への対応，性同一性障害や性的指向・性自認に係る児童生徒への対応，また，児童虐待や家庭の貧困，ヤングケアラー，保護者に精神疾患等がある児童生徒への対応等があげられる。これらから，「教育相談は，現代の児童生徒の個別性・多様性・複雑性に対応する生徒指導の中心的な教育活動だと言えます[4]」とされており，教育相談の意義は大きい。

4）文部科学省『生徒指導提要（改訂版）』2022，p.16.

また，これまで，生徒指導及び教育相談は，事案発生後の対応・指導に重点が置かれがちであったが，「生徒指導と教育相談が一体となって，『事案が発生してからのみではなく，未然防止，早期発見，早期支援・対応，さらには，事案が発生した時点から事案の改善・回復，再発防止まで一貫した支援に重点をおいたチーム支援体制をつくる』ことが求められています[5]」とされている。

5）文部科学省『生徒指導提要（改訂版）』2022，p.17.

2　教育相談体制の構築

「生徒指導体制」と「教育相談体制」は，それぞれ機能しながら，問題行動，不登校等の各事案については，一体となり，未然防止，早期発見，早期支援・対応から改善・回復，再発防止まで一貫したチーム支援体制をつくっている。

（1）生徒指導体制

　生徒指導体制とは，生徒指導方針・基準を定め，年間の生徒指導計画に組み込むと共に，計画的に研修（講演や実態把握等）を実施することで，全教職員間で共通理解し，全ての児童生徒を対象に全校的な指導・援助を展開する校内体制である[6]。

　その中で，生徒指導部（各学校で名称は異なる）は，生徒指導を組織的，体系的な取組として進めるための中核的な校内組織である。構成員は，生徒指導主事（生徒指導主任・生徒指導部長等）や各学年の生徒指導担当に加えて，教育相談コーディネーター[*1]や養護教諭等もいるが，スクールカウンセラー（SC）やスクールソーシャルワーカー（SSW）を構成員として位置付けることも重要である。主な役割は，生徒指導の取組の企画・運営や全ての児童生徒への指導・援助，問題行動の早期発見・対応，関係者等への連絡・調整等である。

（2）教育相談体制

　基本として，生徒指導と教育相談を一体化させて，全教職員が一致して取組を進めることが必要であるため，教職員は以下のような姿勢が求められる[7]。

① 　指導や援助の在り方を教職員の価値観や信念から考えるのではなく，児童生徒理解（アセスメント）[*2]に基づいて考えること。

② 　児童生徒の状態が変われば指導・援助方法も変わることから，あらゆる場面に通用する指導・援助方法は存在しないことを理解し，柔軟な働き掛けを目指すこと。

③ 　どの段階でどのような指導・援助が必要かという時間的視点をもつこと。

　校内では，教職員研修（事例検討[*3]，演習やロールプレイ[*4]等）を計画的に実施している。教育相談コーディネーターには，心理学的知識，カウンセリング技法，心理教育プログラムの知識・技法，医療・福祉・発達・司法の基礎知識をもつことが求められる。また学級・ホームルーム担任には，心理的・社会的発達に関する知識やカウンセリングの技法等を身に付けることが望まれる。

　よって，研修の意義は大きく，体制を十分に機能させるためには必須である。

　教育相談部[*5]は，教育相談活動の年間計画を立て，PDCAサイクルで展開させている。そのため児童生徒，保護者，教職員からの評価を照らし合わせながら，最終的な評価を行うことが必要である。課題があったとしても，それを具体的に分析することで，次に取り組むことが明確になり，実践の改善が促進さ

6）文部科学省『生徒指導提要（改訂版）』2022．p.73を参照．

[*1]　**教育相談コーディネーター**：教育相談体制を充実させ，機能させるためのリーダーであり調整役。教育相談主任，教育相談担当と呼ばれる場合もある。

[*2]　**児童生徒理解（アセスメント）**：児童生徒の指導・援助の在り方を決定するために必要な情報を検査や面談等から収集・判断・検証する過程。

7）文部科学省『生徒指導提要（改訂版）』2022．p.80.

[*3]　**事例検討**：「ケースカンファレンス」ともいわれ，解決すべき問題や課題のある事例（事象）を個別に深く検討することによって，その状況の理解を深め対応策を考える方法。

[*4]　**ロールプレイ**：問題解決のために実際の場面を想定し，参加者が役割を演じる学習方法。

第4章　生徒指導と教育相談

＊5　教育相談部：教育相談係として生徒指導部内に位置付けされている学校が多く，教育相談コーディネーターがリーダーとなることが多い。

＊6　特別支援教育コーディネーター：学習障害（Learning Disabilities：LD）・注意欠陥多動性障害（Attention-Deficit／Hyperactivity Disorder：ADHD）・高機能自閉症等を含めた障害のある児童生徒一人一人の教育的ニーズを把握し，その適切な支援のために，関係機関・関係者間を連絡・調整し，協同的に対応できるようにするためのリーダー。

＊7　2軸3類4層の重層的支援構造：2軸とは時間軸の観点で，常態的・先行的生徒指導と即応的・継続的生徒指導に分類される。3類とは，課題性の高低と対応の種類の観点で，発達支持的生徒指導と課題予防的生徒指導と困難課題対応的生徒指導に分類される。4層とは，対象となる児童生徒の範囲と対応の種類の観点で，第1層「発達支持的生徒指導」と第2層「課題予防的生徒指導：課題未

れるため，組織的・計画的に実践できる体制づくりはとても重要である。

また，教育相談は，学校内外の連携に基づくチームの活動として進められる。チームの内容については以下に示す。

1）校内のチーム

目的によって2種類に分類される。

① 機動性を重視することを目的とし，担任・ホームルーム担任とコーディネーター役の教職員（教育相談コーディネーター，特別支援教育コーディネーター[6]，養護教諭等）を中心に構成される少人数のチーム。

② 児童生徒理解や支援方針の共通理解を目的とし，教育相談コーディネーター，特別支援教育コーディネーター，養護教諭にSC，SSWを加え，学年主任や生徒指導主事等を含む多様な教職員で構成されるチーム。

2）校外の専門機関等と連携するチーム

校外の児童生徒の支援を目的に活動をしている団体や施設と協力して支援するチーム。外部との連絡等も含め教育相談コーディネーターが情報を一元的に管理する必要があり，コーディネーターが自由に動ける体制づくりが重要である。

（3）教育相談活動の全校的展開

教育相談は，児童生徒の課題への対応を時間軸や対象，課題性の高低の観点で類別されている生徒指導の2軸3類4層の重層的支援構造[7]同様に構造化される。

1）発達支持的教育相談

発達支持的教育相談とは，すべての児童生徒を対象に，様々な資質や能力の積極的な獲得を支援する教育相談のことである。

例えば，児童生徒の「よいところを発見する」姿勢で，個別・グループ面談等を通じて，個性の発見とよさを認め，資質や能力の可能性を伸ばすための情報や機会を提供したり，将来の生き方等について話したりすることである。

また，通常の教育活動においても意識しながら実践することも重要である。

例えば，特別活動[8]では，「望ましい人間関係の形成」，「協働的な問題解決能力の育成」等を目的とした活動，教科学習では，対人関係スキルや協働的な問題解決力を身に付けることのできる授業等の実施が考えられる。これらは，個々の児童生徒の成長・発達の基盤をつくるものといえる。

2）課題未然防止教育としての課題予防的教育相談

課題予防的教育相談にはまず，すべての児童生徒を対象に，ある特定の問題や課題の未然防止を目的に行われる教育相談としての役割がある。

36

例えば，いじめ防止，非行防止，薬物乱用防止，自殺防止のためのプログラムを，SCの協力を得ながら生徒指導主事と教育相談コーディネーターが協働して企画し，担任や教科担任等を中心に実践する取組等が考えられる。

3）課題早期発見対応としての課題予防的教育相談

また，課題予防的教育相談には，ある問題や課題の兆候が見られる特定の児童生徒を対象として行われる教育相談としての役割もある。

早期発見には以下の方法がある[8]。具体的な内容を以下に示す。

① **よく観察する**：学校生活での一人一人の児童生徒をよく観察し，心身の変化を見逃さない。変化があれば，児童生徒からのSOSのサインであると考え，その背後に何か問題が隠されている可能性があることを想定して対応する必要がある。心身の変化について，具体的な内容を以下に示す。

・**言動・行動・態度の変化**：遅刻・早退・欠席の増加，反抗的・暴力的，情緒不安定，落ち着きがない。無気力・無関心，顔色が悪い，無表情，何かに怯えている，反応が鈍い。嘘をつく，担任にすり寄ってくる，授業中に熟睡する，保健室に頻繁に行く。家に帰りたがらない，友人関係の変化，1人でいることが多い等。

・**身体に起こる変化**：頭痛，腹痛，下痢，頻尿，原因不明の熱，体重の急激な減少。原因不明の打ち身痕・火傷がある，リストカット等。

・**学業関係の変化**：成績の急激な下降，忘れ物が多くなる，宿題をよく忘れる，提出物が出ない等。

② **丁寧に面接する**：短くても丁寧に頻度を重ねることで，「相談してもいい」という安心感の形成と信頼関係の構築に効果がある。実際の面談では，カウンセリング・マインド[*9]を生かし，受容的・共感的な傾聴を心掛け，児童生徒理解に努めることが重要である。

③ **作品をよく読む・よく見る**：作品（日記，作文，絵，ノート等）は，その時点での心の状態，発達の課題等に関する有益な情報を含んでいることがあるため，少しでも気になることがあれば，写真や記録に残し，他の教職員やSCと一緒に検討することが大切である。

④ **質問紙調査をしっかり分析する**：観察，面接，作品等で見落とした・聞き逃した・気付かなかった児童生徒からのSOSのサインを把握するために有効である。問題がないと思われていた児童生徒の質問紙を，後日改めて確認すると，課題が示されていた事例もあるので，しっかり分析する必要がある。調査は，年間に複数回，定期的に実施することが望ましい。

また，早期対応には以下の方法がある[9]。具体的な内容を以下に示す。

① **スクリーニング会議を行う**：スクリーニング会議とは，教育相談コーディ

（＊7　続き）
然防止教育」と第3層「課題予防的生徒指導：課題早期発見対応」と第4層「困難課題対応的生徒指導」に分類され，これを重層的支援構造と呼ぶ。
出典）文部科学省『生徒指導提要（改訂版）』2022, pp.17-19.

＊8　**特別活動**：学級活動・ホームルーム活動，児童会活動・生徒会活動，クラブ活動，学校行事の総称。

8）文部科学省『生徒指導提要（改訂版）』2022, pp.82-83を参考に作成．

＊9　本章コラム（p. 42）を参照。

9）文部科学省『生徒指導提要（改訂版）』2022, pp.83-85を参考に作成．

ネーター，生徒指導主事，特別支援教育コーディネーター，養護教諭，SC，SSW等が一同に集まり，リスクの高い児童生徒を見つけ出し，必要な支援体制を整備するために開催する会議である。そこでは，悩みや不安を抱える児童生徒をできるだけ広く網羅する。

② リスト化と情報更新を行う：身体面，心理面，対人関係面，学習面，進路面，家庭環境面等で気になる児童生徒を全てリスト化し，スクリーニング会議で情報を定期的にアップデートする。アップデート自体が早期発見の感度を上げ，問題が生じたときにも豊富で正確な情報に基づく的確な介入が可能になる。特に集中的な関わりの必要性があると判断された場合は，ケース会議*10に付託される。

③ 個別の支援計画を作成する：ケース会議の対象となる援助ニーズの高い児童生徒について，アセスメントに基づくプランニングを行い，具体的な支援策が作成される。

④ グループワークを行う：特定のテーマで対象者を募集したり，家庭状況や欠席日数，遅刻・早退の頻度等のリスク要因の観点から対象者を絞ったりして行うグループワークである。ワークを通じた児童生徒間関係の形成が未然防止に効果をもつ。

⑤ 学校内外のネットワークによる支援を実施する：リスクの高い児童生徒（例えば，医療的ニーズや福祉的ニーズがある，保護者が精神疾患を抱えている，家事や家族の世話を日常的に行っている，虐待や不適切な養育下にある）が校内で相談できる体制づくりや校外に安心できる居場所を見つけ，確保することである。校内では，教育相談週間*11を計画的に設定し，児童生徒が担任以外で希望する教職員と面談できるようにし，相談できる対象者を広げられる取組が考えられる。実際に，管理職・副担任・教科担当・部活顧問，SC等に相談できたり，相談室，保健室，図書室等を居場所にできる取組をしている学校もある。校外では，学習支援，集団遊び，生活支援，食事の提供等に取り組む放課後等のデイサービスや公民館，民間団体等*12があるので，SSWと連携して，地域の社会資源を活用するネットワークを構築することである。

4）困難課題対応的教育相談

　困難な状況において困り・悩んでいる特定の児童生徒，発達や適応上の課題のある児童生徒等を対象とした教育相談のことである。

　ケース会議を開催し，教育相談コーディネーターを中心に情報収集を行い，SCやSSWの専門性を生かしながら，教育，心理，医療，発達，福祉等の観点からアセスメント（見立て）を行い，中・長期にわたる手厚い個別支援を計画

---

*10 **ケース会議**：支援を必要としている児童生徒の情報を持ち寄り，背景や要因について見立てをし，支援方針や目標の設定，関係者の役割分担を決定する会議。

*11 **教育相談週間**：担任を中心にした教員が児童生徒一人一人と相談を行う週間。

*12 **フリースクール**，こども食堂等がある。

的・組織的に行うことによって課題の解決を目指す。その際，校外のネットワークを活用し，地域の関係機関と連携・協働することも重要である。

3 教育相談の進め方
―生徒指導と一体となったチーム支援―

　児童生徒によっては，いじめや暴力行為，非行，児童虐待，不登校等様々な問題や課題を複合的・重層的に抱えているケースも少なからずある。そのため，個別最適な支援（指導・援助）が行えるように，生徒指導と教育相談が一体となった包括的な支援体制をつくることが求められる[10]。

　そこで，課題を抱えて苦戦したり，危機に陥ったりした児童生徒に対して，生徒指導と教育相談が連携した支援について，チームとして展開するプロセス（図4-1）を取り上げて，各段階の内容を以下に具体的に示す。

10) 文部科学省『生徒指導提要（改訂版）』2022, pp.89-91.

（1）ケース会議を開催する

　リスクが高く集中的に支援（指導・援助）の必要性がある児童生徒の課題解決に向けて，チーム支援の必要性を検討する。その際，生徒指導主事や教育相談コーディネーター等が中心になり，児童生徒に関わりのある担任等，関係の教職員が参加し，アセスメント（見立て）のためのケース会議を開催する。

（2）課題の明確化と目標を共有する

　ケース会議の目的は，対象の児童生徒や家族・家庭に対して必要な指導・援助は具体的に何か，そして，いつ・誰が・どこで・どのような方法でそれを届

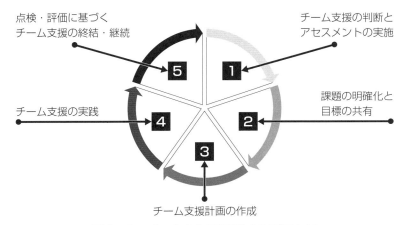

図4-1　チームとして展開するプロセス
出典）文部科学省『生徒指導提要（改訂版）』2022, 図5（p.90）.

第4章　生徒指導と教育相談

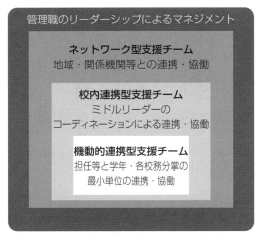

図4-2　支援チームの形態
出典）文部科学省『生徒指導提要（改訂版）』2022，図6（p.92）．

けるかを決定することであり，課題を明確化し，参加者全員が目標（方針）を共有したうえで，それぞれの立場や専門性を生かした役割分担を行う。

（3）支援計画の作成と支援チームの編成を行う

アセスメントに基づき，チーム支援（指導・援助）計画を作成する。「目標，見通し（中期・長期），いつ（日時），誰が（担当者や機関），どこで（場所），どのような支援を（内容や方法），いつからいつまで（期間）」を記載した計画を作成し，目標を達成するために必要な支援チームを編成する（図4-2）。

（4）支援経過において留意すること

計画に基づき，チームによる支援を組織的・継続的に実施していく。
その経過においては，定期的なケース会議の開催，支援関係者間の情報共有と記録保持，管理職への報告・連絡・相談を忘れてはならない。

（5）状況の点検・評価に基づいて，支援の終結・継続の判断をする

目標の達成状況については，各学期末や学年末に総括的に評価を行うことが必要であり，そこで終結の判断を行う。また，年度をまたがる場合は，新年度に必ず「ケース会議」を開催し，改めてアセスメント（見立て）を行い，計画を見直して支援を引き継いでいく。

4 教育相談の留意点

主に学級・ホームルーム担任が児童生徒と個別で行う教育相談（定期面接）における留意点をあげる。

① 問題行動について事実確認する"個別指導"とは趣旨が異なるため，普段の行動・態度（反抗的，服装等）が気になる児童生徒であっても説論することのないように努める。教育相談は，児童生徒の「相談したい・できる」期待に応える教育活動であることを忘れてはならない。

② 面接前に実施した質問紙調査（生活アンケート等）で気になった回答をピックアップし，その児童生徒の普段の様子・態度の変化等の情報を，他の教職員からも収集しておく。また，表面上は問題なく元気に学校生活を送っている児童生徒に対しても情報を得るようにしておくことが望ましい。

③ 面接中に児童生徒から，「このことは，誰にも言わないでほしい」と言われる場合がある。そのとき，どう対応するかは守秘義務[13]の問題になる。一人の児童生徒に複数の教職員が関わるため，守秘義務を盾にして教育的な関わりの内容や児童生徒の個人情報が閉じられてしまうと，学校としての働き掛けに矛盾や混乱が生じてしまい，結果的に児童生徒や保護者を混乱に巻き込んでしまったり，責任問題にまで発展することも考えられる。そこで，言わないでほしい思いや理由を受容的・共感的に傾聴して，「これは，他の先生方と協力して解決していく必要がある」ことを丁寧に説明すると共に，他の先生に伝えたときの不安感を少しでも取り除く手立てを一緒に考えることで了解を得るようにする。また，保護者に伝える場合も，伝えたときに起こる状況，それに対する不安感を傾聴し，その対応を一緒に考えることが重要である。一緒に考えていく中で，家族の関係性等，家庭環境の問題が浮き彫りになることもある。学級・ホームルーム担任だけで判断する（抱える）のではなく，通告の義務[14]が生じる場合もあることから，児童生徒の情報を早急に教育相談コーディネーター，生徒指導主事に伝え，チーム支援で関わることが重要である。

●演習課題

課題1：個別面接で生かせるカウンセリングの基礎技法について調べてみよう。

課題2：発達支持的教育相談の意義や方法について考えてみよう。

課題3：児童生徒から相談されやすい教員の資質や態度を話し合ってみよう。

---

[13] **守秘義務**：一定の職業や職務に従事する者や従事していた者，または契約の当事者に対して課せられる，職務上知った秘密を守るべきことや，個人情報を開示しないといった義務のこと。

[14] **通告の義務**：児童虐待の防止等に関する法律6条1項に「児童虐待を受けたと思われる児童を発見した者は，速やかに，福祉事務所もしくは児童相談所に通告しなければならない」と定められている。

第4章　生徒指導と教育相談

コラム　　　カウンセリング・マインド

　カウンセリング・マインドとは，カウンセリングの視座（考え方や視点，技法等）を取り入れ児童生徒に向き合うことです。なぜ，カウンセリングではなく，カウンセリング・マインドなのかというと，教員はカウンセラーではないし，カウンセラーになれないからです。教員は児童生徒を（学習成績等で）評価する立場であり，本来のカウンセリングはできません。そこで，教員はカウンセリング・マインドを生かし指導・援助を行うことになります。

　カウンセリング・マインドを生かす具体的な例を紹介しましょう。

① 　"子供の世界を子どもの目で一緒に見る"視点です。例えば，怒りの感情をあらわにする児童生徒がいた場合，「そんなに怒るのだから，よっぽどの理由があるわけだろう。その理由を聞かせてくれるかな」や，不登校状態が続いていた児童生徒が久しぶりに登校してきた際，「よく来たね。そこがあなたの席だよ」と丁寧に声を掛ける等，その状況に置かれた児童生徒の心情に寄り添って，「先生は私の気持ちを，わかろうとしている・わかってくれている」と思われるような対応をすることです。

② 　"聴く"技法です。まずは，「受容・傾聴」です。相手の気持ちをしっかり受け止めながら頷くことが大切です。次に「繰り返し」です。相手が発した言葉と同じ言葉を繰り返します。相手に自問自答させる状態をつくることで，気持ちが整理されていきます。次に，「明確化」です。上手く言葉に表れていないことを先取りし，「あなたが言いたいことは，実は○○ということかな」と言ってあげます。そして，「支持」です。相手の話で共感できるところは，「そうだね」「そういうこともあるよな」とプッシュします。

③ 　"質問する"技法です。まずは，「はい」と「いいえ」だけで答えることのできる質問法があり「閉ざされた質問」といいます。これは，ある事柄を確認する（仮説の検証）ためには便利ですが，強く質問されている感じを抱かせることがあります。次に，「はい」「いいえ」だけで答えにくい質問法で，「開かれた質問」といいます。自由に話してもらうことで，より多くの情報を得られますが，口の重い児童生徒には答えにくい場合があります。どちらも一長一短ありますので，児童生徒の状態（表情・動作や言動等）をよく観察しながら，「話を聞いてもらえてよかった」と感じてもらえるように使い分けすることが大切です。

　一人一人の児童生徒の気持ちを理解するためには，特定の価値観に固執（「～でなければならない」「～すべき」）しない方がよいと思います。児童生徒は様々な環境で様々な体験をしているため，教員はそれら全てを実際に体験することはできません。よって，学生時代にはいろいろな人との接触，文化体験（映画・ドラマ鑑賞，読書等）を豊富にしておくとよいでしょう。

参考文献
國分康孝編集代表『学級担任のための育てるカウンセリング入門』図書文化社，1998.

第5章 組織的な連携

児童生徒を取り巻く社会問題は複雑化・多様化している。そのため、教員は組織的な連携を行うことが求められ、「チーム学校」という概念が重要視されてきている。「チーム学校」とは、教職員や専門スタッフが連携して児童生徒一人一人のニーズに応じた支援を行う体制を指す。本章では、こうした背景を踏まえ、学校全体が一つのチームとして児童生徒を支援する「チーム学校」としての取組を紹介する。

1 「チーム学校」が求められる背景

「チーム学校」が求められる背景として、児童生徒を取り巻く問題、例えば、家庭環境の多様化、学業不振、友だち関係のトラブル等が複雑化・多様化している現状があげられる。中央教育審議会答申「チームとしての学校の在り方と今後の改善方策について」では、現代の学校が直面するこれらの課題に対処するために、次の3点が指摘されている[1]。第一に「新しい時代に求められる資質・能力を育む教育課程を実現するための体制整備」では、学校の中に「閉じた学び」ではなく、現実社会との「つながる学び」を通して、児童生徒自身が学びの意義や意味を見いだすことができるよう、学校の教育活動に地域社会の様々な人たちが参画し、適切なカリキュラム・マネジメントの下で教職員と協働することがあげられている。第二に「複雑化・多様化した課題を解決するための体制整備」では、スクールカウンセラー（SC）やスクールソーシャルワーカー（SSW）、地域の協力者等、多様な専門職と連携し、学校内で協働する体制を構築することがあげられている。第三に「子供と向き合う時間の確保等（業務の適正化）のための体制整備」では、教員の負担を軽減し、児童生徒への豊かで実りある教育活動を行うことができるよう、多様な職種や地域の協力者と連携・協働することがあげられている。

1) 中央教育審議会「チームとしての学校の在り方と今後の改善方策について（答申）」2017, pp.4-11.

第5章　組織的な連携

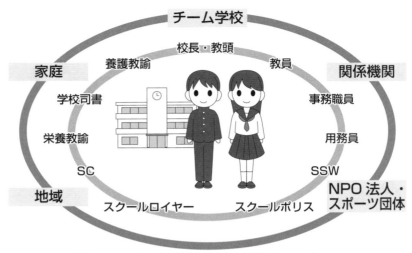

図5-1　チーム学校における組織イメージ

　このように，児童生徒の複雑化・多様化する問題の解決と教員の負担軽減の両立を目指すために，「チーム学校」としての協働が重要となっている（図5-1）。

2　「チーム学校」による生徒指導体制

　「チーム学校」による生徒指導の意義は，児童生徒一人一人のニーズに応じたきめ細やかな対応が可能になる点である。具体的には，担任をはじめとする教員集団，SC，SSW，特別支援教育コーディネーター等，様々な専門職が連携し，児童生徒の学習や生活の支援を行っていく。また，「チーム学校」による生徒指導の目的は，児童生徒の問題行動の未然防止，改善だけでなく，社会性の発達や精神的な安定を図ることである。例えば，担任には伝えにくい相談内容等の場合，SCとの面談を行うことで，児童生徒が抱える問題を早期に発見し，適切な支援を講じることができる。

(1) 生徒指導体制の構築に向けた基本的な考え方

　「チーム学校」による生徒指導体制を構築するための基本的な考え方として，文部科学省「生徒指導提要」では以下の3点があげられている[2]。

① 生徒指導の方針・基準の明確化・具体化：学校の教育目標を達成するために，生徒指導の方針・基準について，一貫性をもって明確にし，具体化することが重要となる。生徒指導基本指針やマニュアルを作成し，全教職

2) 文部科学省『生徒指導提要（改訂版）』2022, pp.76-77.

員が共有することで，一貫した指導を実施する。

② **全教職員による共通理解・共通実践**：生徒指導の目標について全教職員が共通理解をもち，組織的な指導・援助を実施する。信頼関係の形成を重視し，全校的な取組を推進していく。

③ **PDCAサイクルに基づく運営**：生徒指導体制の取組が効果的であるかを定期的に点検し，改善を続けることが重要となる。児童生徒や保護者，教職員の声を反映し，適切な評価・改善を行っていく。

ここで重要なことは，「全教職員」が「組織的に」対応できるということである。生徒指導事案が発生した学年だけでなく，校長・副校長・教頭等をはじめとする管理職のリーダーシップの下で，学年主事や生徒指導主事，進路指導主事，保健主事，教育相談コーディネーター，特別支援教育コーディネーター等のミドルリーダー，SCやSSWからなる横のつながり（校内連携体制）を形成することが不可欠の前提となる。また，未然防止を含む積極的な生徒指導を実践していくためにも日頃からの組織的な対応が重要となる。

（2）「チーム学校」による生徒指導体制の構築

「チーム学校」による生徒指導体制の構築には，学校教育法施行規則に基づく校務分掌の仕組みが重要な役割を果たす。具体的には，教務主任や生徒指導主事，進路指導主事，学年主任，保健主事，事務主任等，様々な主任や主事が配置されている。その中でも，生徒指導部（または生徒指導委員会）は，生徒指導を組織的かつ体系的に進めるための中核的な組織となる。この組織は，生徒指導主事（生徒指導主任や生徒指導部長等）が主担当となり，各学年の生徒指導担当，教育相談コーディネーター，養護教諭，さらには，SCやSSWも生徒指導部の重要な構成メンバーとなる。生徒指導部の主な役割は，生徒指導の取組の企画・運営，全ての児童生徒への指導・援助，問題行動の早期発見・対応，関係者への連絡・調整等である。これらの役割を果たすことで，学校全体の生徒指導体制を整備・構築し，全ての児童生徒に対して一貫性のある生徒指導を企画・実施していくことが可能となる。

また，生徒指導は，生徒指導部だけで完結するものではなく，学校全体で取り組む必要がある。学級担任は，学級・学年経営を充実させるとともに，同僚間，学校に関わる様々な専門職，保護者・地域との情報共有や学び合いを通じて，生徒指導の充実を図ることが重要である。

第5章　組織的な連携

3 「チーム学校」による 進路指導体制

　「チーム学校」による進路指導の意義は，多様化する進路選択において，児童生徒の興味や適性に応じたきめ細かな支援が提供できる点である。具体的には，担任をはじめとする教員，進路指導担当教員，SC等が連携し，児童生徒の興味や適性に基づいた進路指導を行っていく。また，企業や大学との連携を強化し，職場体験やインターンシップの機会を提供することで，現実的な視点から進路選択に関する支援を行っていく。また，「チーム学校」による進路指導体制の目的は，児童生徒が自分の進路を主体的に選択し，その実現に向けて行動できるように支援することである。また，ここには，進路情報の提供やキャリア教育，相談支援も含まれている。

（1）進路指導体制の構築に向けた基本的な考え方

　「チーム学校」による進路指導体制を構築するための基本的な考え方として，「生徒指導提要（改訂版）[3]」及び「小学校キャリア教育の手引き[4]」「中学校・高等学校キャリア教育の手引き[5]」では以下の点が強調されている。

3）文部科学省『生徒指導提要（改訂版）』2022, p.215.

4）文部科学省『小学校キャリア教育の手引き』2022, 第2章.

5）文部科学省『中学校・高等学校キャリア教育の手引き』2023, 第2章.

①　**児童生徒一人一人の個性や興味，適性を尊重する**：児童生徒が自らの興味や能力を深く理解し，それに基づいて進路を選択できるようにするためには，個別のニーズに応じた指導が必要となる。例えば，学業成績だけでなく，児童生徒の性格や家庭環境，将来の目標等を総合的に考慮した支援が求められる。

②　**計画性と体系的なアプローチ**：意図的，計画的，体系的な進路指導を実現するために，年間指導計画の整備が不可欠である。進路指導部が中心となり，進路ガイダンスや個別相談，職業体験等の具体的な活動を計画的に組み込むことが求められる。

③　**情報提供とキャリア教育の重要性**：進路指導では，進学先の情報や職業の内容，必要な資格や技能についての情報を収集し，児童生徒が進路選択の参考にできるよう，児童生徒や保護者に提供することが重要である。また，キャリア教育を通じて，児童生徒が自分の将来について具体的に考え，計画を立てる力を養うことが重要である。

　ここで重要なことは，児童生徒の将来を見据えた主体的な進路選択と自己実現を支援するために「全職員」で「組織的に」対応することである。具体的には，児童生徒の個別の興味，適正に応じ，計画的かつ体系的に進路指導を行

い，教職員や保護者との協働を強化することで，進路指導の質を高め，児童生徒の自己実現を支えていくことである。

（2）「チーム学校」における進路指導体制の構築

「チーム学校」による進路指導体制の構築においても，校務分掌の仕組みが重要な役割を果たす。ここでは，進路指導部が，進路指導を組織的かつ体系的に進めるための中核的な組織となる。この組織は，進路指導主事（進路指導部長等）が主担当となり，各学年の進路指導担当教員，キャリアカウンセラー（CC），SC等で構成される。進路指導部の主な役割は，進路指導の計画・運営，進路情報の収集・提供，児童生徒への個別相談，進路選択のための職業体験や進路ガイダンス等の企画・実施，関係機関との連絡・調整等である。また，進路指導においては，保護者との連携が欠かせない。保護者向けの説明会や個別面談を実施し，定期的な情報共有を通じて，進路指導に対する理解と協力を得ることが重要である。また，児童生徒や保護者からのフィードバックを活用し，進路指導の方法を改善させていくことも重要である。さらに，近年では，進路選択後も児童生徒の適応状況を把握し，必要に応じてフォローアップを行うことや進学先や就職先での状況を確認し，支援が必要な場合は適切な対策を講じていくことも求められている。

4　危機管理体制

学校は，安全・安心な環境であることが求められる。そのために，学校安全計画に基づき，生活安全，交通安全，災害安全の３領域について全ての教職員で取り組むことが必要である。この安全が脅かされた状態が学校危機である。

「生徒指導提要（改訂版）」によると，学校危機とは，「事件・事故や災害などによって，通常の課題解決方法では，解決することが困難で，学校の運営機能に支障をきたす事態を『学校危機』」と定義している[6]。学校危機は，学校内外で発生し，人為的災害（火災，事故等），自然災害（台風や地震等の地域全体の危機），社会的事件（犯罪や暴力行為等）が含まれる。これらの危機に，迅速かつ適切に対応することが，学校危機管理体制の基本である。

6）文部科学省『生徒指導提要（改訂版）』2022，p.96.

（1）リスクマネジメント

リスクマネジメントとは，危機が発生する前に潜在的なリスクを予測し，その発生を未然に防ぐための取組である。次の４点に留意することが大切である。

①　リスクの特定と評価：学校内外の潜在的なリスクを洗い出し，リスクの

第5章　組織的な連携

発生確率や影響度を評価する。例えば，校舎の耐震性，火災発生のリスク，外部からの不審者侵入の可能性等を具体的に検討する。

② **予防策の策定と実行**：特定されたリスクに対する予防策を策定し，実践する。例えば，防災訓練の実施，火災報知器や防犯カメラの設置や点検等である。また，児童生徒の毎朝の健康観察により，心身の変調に早急に気付くようにしたり，「いじめ防止アンケート」等による児童生徒同士のトラブルを初期の段階で発見したりすることも大切である。

③ **未然防止教育の実施**：児童生徒への教育も重要な取組である。例えば，学級活動，ホームルーム活動におけるいじめ問題についての指導，校外学習における事前指導での安全指導，ストレスマネジメントの教育等，日々の教育の中でリスクを予防したり低減したりすることが可能である。

④ **定期的な見直しと改善**：リスクマネジメントの取組は，一度策定，実践したら完了ではなく，定期的に見直し，必要に応じて改善を図ることが大切である。全ての学校には，学校保健安全法[*1]により，「危機管理マニュアル[*2]」の作成が義務付けられている。これも，学校環境や社会情勢の変化に応じて，リスク対策を更新し続けることが求められる。

（2）クライシスマネジメント

クライシスマネジメントとは，実際に危機が発生した際に迅速かつ適切に対応するための取組のことである。次の3点に留意する必要がある。

① **初動対応の迅速化**：危機発生時には，できる限り迅速な初動対応が求められる。教職員全員が初動対応の基本原則を理解し，対応することが大切である。事件，事故，災害が発生したときは，なによりもまず児童生徒の命の安全を優先する。そして，被害の程度や状況等の情報を収集することに努める。必要に応じて，警察，消防への通報，救急救命処置，保護者への連絡等の対応をとる。このような初動対応を的確に行うためには，教職員の日頃の訓練による行動の徹底や意識の向上が不可欠である。

② **危機管理チームの編成**：学校内に危機管理チームを編成し，危機発生時の対応を統括する機関を設置する。チームは，校長，副校長，教頭をはじめとする管理職と，養護教諭，SC等，そのときの危機の状況に応じた専門職で構成される。危機管理チームにおいて，事実確認，情報の共有，役割分担，今後の方針，外部機関との連携，報道対応等の判断を行う。

③ **事後対応とフォローアップ**：学校危機は，中・長期的な視野で行動することが大切である。危機が収束した後も，事後対応とフォローアップに努める。例えば，心理的なサポートが必要な児童生徒にはSCやSSW等の専

*1　学校保健安全法第29条「危険等発生時対処要領の作成等」を参照すること。

*2　文部科学省より「学校の危機管理マニュアル作成の手引」（2018）が示されている。

門家と連携し，心のケアを行っていくことも重要である。また，危機発生時の対応を振り返り，改善点を見つけ出し，危機管理マニュアルの改訂を行う等，今後の対策に反映させることも忘れてはならない。

（3）関係機関との連携

学校単独で危機に対応することは困難である。児童生徒の安全・安心のためにも，適切に関係諸機関と連携することが求められる。次の3点に留意する。

① **地域の警察や消防との協力体制**：地域の警察や消防と連携し，緊急時の対応に備える。具体的には，緊急時の連絡体制の確立や合同訓練等の実施があげられる。

② **医療機関との連携**：児童生徒や教職員が負傷した場合に備え，近隣の医療機関と連携する。緊急時の受け入れ態勢や搬送手順を事前に確認しておくことで，迅速な医療支援を受けることができる。

③ **地域住民や保護者との協力**：緊急時には，地域住民や保護者からの支援・協力を受けることで，避難や救助活動が迅速に進む。常時から定期的に情報を共有したり説明会や訓練を行ったりすることで，危機管理体制への理解と協力を得ることができる。

以上のように，学校危機に対する対応は，リスクマネジメントとクライシスマネジメントを両立させ，関係機関との連携を強化することで効果的に実行することができる。

5 守秘義務と説明責任

守秘義務と説明責任は，学校現場での信頼関係を構築するために不可欠な要素である。特に，情報共有における守秘義務の遵守と学校における透明性と信頼性を高めるための取組について述べる。

（1）守秘義務の重要性

守秘義務とは，職務上知り得た個人情報や機密情報を第三者に漏らさない義務を指す。地方公務員法第34条「秘密を守る義務」に「職員は，職務上知り得た秘密を漏らしてはならない。その職を退いた後も，また，同様とする」と定められている。守秘義務違反は，個人のプライバシーを侵害し，信頼関係を損なうだけではなく，法的な制裁，処分を受ける可能性がある。

教職員は，職務上知り得た情報を厳重に管理し，適切に取り扱うことが求められる。例えば，児童生徒の成績や健康状態の記録，家庭状況等の記録等の個

第5章　組織的な連携

*3　個人情報の保護に関する法律（個人情報保護法）は，2003（平成15）年に公布され，2005（平成17）年に全面実施された。社会の変化やニーズに応じて，2015（平成27），2020（令和2），2021（令和3）年に改正されている。

人情報は，慎重に扱わなくてはいけない。教職員は，守秘義務を果たすことで，児童生徒や保護者との信頼関係を築き，学校組織を円滑に運営する責任がある。

学校が収集する情報には，かなりの個人情報が含まれている。「個人情報の保護に関する法律*3」では，「第23条　個人情報取扱事業者は，その取り扱う個人データの漏えい，滅失又は毀損の防止その他の個人データの安全管理のために必要かつ適切な措置を講じなければならない」と定められている。個人情報の取り扱いに関する基本方針を各校で策定し，全教職員が理解し遵守することが大切である。例えば，児童生徒の成績のデータや名簿等は，職員室等で厳重に保管し，外部に持ち出すことを禁止したり管理職の承認を得て持ち出すことを徹底する。しかし，成績データを保存したUSBや児童生徒名簿の紛失が後を絶たない。昨今では，電子メールの誤送信やWebサイトの設定ミスで個人情報がインターネット上に流出する事案もある。ひとたび個人情報が漏えいしてしまうと回収はほぼ不可能であり，被害も大きくなる。このことを肝に銘じて，全教職員が個人情報保護に関する意識を高め，慎重な行動に徹することが求められる。

（2）説明責任の意味と重要性

説明責任とは，学校や教職員が行った決定や行動について，保護者等の関係者に対して説明を行い，その理由や根拠を明確に示す責任を指す。これは，保護者や地域社会との信頼関係を築くために欠かせない。学校が透明性をもって運営されていることを示すことで，保護者や地域社会からの信頼を得られる。

説明責任を果たすためには，保護者や地域社会とのコミュニケーションを積極的にとることが重要である。例えば，学校行事や会議での説明，定期的な報告書の発行や開示，緊急時の迅速な情報提供等がある。特に，緊急事態や重大な案件が発生した場合や学校危機の際には，迅速かつ正確な情報提供が求められる。

学校運営において，透明性を確保するためには，情報公開が重要である。これには，学校の運営状況や決定事項，教育活動の成果等を適切に公開することが求められる。昨今では，多くの学校がWebサイトを活用し，学校の教育方針，教育成果等を公開している。各種の報告書を定期的に公開するだけではなく，日々の授業の様子，児童生徒の学びの様子，学校行事の案内や紹介等が写真と共に紹介されているのを閲覧したこともあるだろう。そのような日々の取組の紹介こそ，保護者や地域社会とのコミュニケーションを円滑にするものである。保護者会や個人懇談会において，意見交流を定期的に実施し，学校の運

営に関する意見や要望をその都度，聞き取り，反映させていくことで信頼関係を強化できる。

　特に，いじめの重大事案等が発生した場合，学校は迅速な対応をとることが求められる。保護者や関係機関への報告，説明責任を果たすために詳細な状況説明，事実確認，対応の経過，今後の対策等について透明性をもって説明することが，信頼回復の一歩となる。その際に，児童生徒の学習情報，健康情報，家庭情報等，極めて慎重に扱わなければならない個人情報を収集し，「チーム学校」としての組織に関わる者が情報を共有することになる。

　さらに説明責任を果たすためには以下の取組が重要である。

① 　**継続的な情報提供**：学校のWebサイトや学校だより等を通じて，定期的に情報を発信し続けることが大切である。

② 　**透明性のある意思決定プロセス**：学校協議会や委員会に保護者や地域住民の代表を参加させることで，学校の意思決定のプロセスを透明化したり理解を得られたりすることができる。

③ 　**フィードバックの受け入れと対応**：保護者や地域社会からの意見や要望を積極的に受け入れ，それに基づいて対応する。これにより学校運営の質を向上させるとともに，信頼関係を深めることもできる。

　以上，現代の学校が直面する複雑で多様な課題に対応するために，組織的な連携の重要性について述べてきた。「チーム学校」としてのアプローチは，教職員や専門スタッフが協力して児童生徒一人一人のニーズに応じた支援を行うための効果的な体制を構築するものである。具体的には，地域社会との連携，SCやSSW等の専門職との協働，質の高い教育活動の実現が求められる。また，進路指導や危機管理においても，組織的な連携は不可欠であり，児童生徒の健全な発達を支え，安全を確保する基盤となる。

●演習課題

課題1：次の3つの生徒指導事例における対応において，組織的対応を行うためのチーム編成について考えてみよう。①不登校者への対応，②事故発生時の対応，③学校校則変更に関する対応。

課題2：進路指導において，地域の特色のある産業に関する職業体験を実施するために，「チーム学校」として，どのような部署が，どのような役割を担っていくとよいのかを考えてみよう。

課題3：生徒指導に関する具体的な事例を想定し，守秘義務を遵守しつつ，どの情報をどのように共有するか，誰と共有するかについて具体的な対応策について考えてみよう。

第5章　組織的な連携

コラム　スクールカウンセラー，スクールソーシャルワーカー

　近年，学校現場における児童生徒の多様な問題やニーズに対応するために，スクールカウンセラー（SC）とスクールソーシャルワーカー（SSW）の重要性が増している。これらの専門職は，それぞれ専門的な知見やスキルをもち，ともに学校コミュニティの一員として児童生徒の健全な発達を支えている。

　SCは，主に心理学の専門的知識を生かし，児童生徒の心理的なサポートを行う。具体的には，児童生徒が抱える学業や人間関係，家庭環境等の問題についてカウンセリングを行い，問題解決のための助言やサポートを与える。児童生徒一人一人の状況に合わせた丁寧な支援が特徴である。文部科学省のスクールカウンセラー活用事業では，電話による24時間体制の教育相談やSNS等を活用した相談体制や災害時緊急スクールカウンセラー活用事業が実施されている。

　一方，SSWは，社会福祉の視点から，児童生徒やその家庭を支援する。SSWの役割は，児童生徒が直面する社会的，経済的な問題を解決するために，必要なリソースやサービスを提供することである。例えば，家庭の経済的な困難に直面している児童生徒には，福祉サービスの紹介や申請手続きの支援を行う。また，虐待やネグレクト等の問題が疑われる場合には，関係機関と連携して適切な対応を行う。SSWのサポートによって，児童生徒が学校生活を円滑に送るための社会的な基盤が整備されるのである。

　SCとSSWが効果的に機能するためには，教員との連携が欠かせない。教員は，日頃児童生徒と密に接する立場にあり，児童生徒の変化や問題をいち早く察することができる。教員が気付いた事柄をSCやSSWに報告することで，早期に適切な対応をとることができる。チーム学校として，関係者が情報を共有して，一貫した支援を提供する体制を整えることが重要である。こうした連携によって，児童生徒が安心して学校生活を送るための包括的な支援が可能となるのである。

参考文献
文部科学省HP「スクールカウンセラー等活用事業」
文部科学省HP「スクールソーシャルワーカー活用事業」

第6章 基本的な生活習慣・規範意識の育成

　　基本的な生活習慣とは何だろうか。また、それが規範意識へとどのようにして高まっていくのだろうか。それらは自分の身の回りの生活範囲から交友関係の広がりとともに、発達段階に応じて、またあらゆる教育機会を通して繰り返し、繰り返し指導されて身に付いていくものである。そのために教員は、子ども一人一人の課題と向き合うとともに、学校生活が規律や社会的ルールを学ぶ場であるという認識に立ち、学習環境の整備や学校内の規律の維持に取り組むことが求められてくる。

1 基本的な生活習慣の確立とその課題

　新年度の職員室では「今年の生徒は基本的な生活習慣ができていないなぁ」といった話題が飛び交ったりする。その言葉は子どもたちのどのような生活態度を指して、教員たちは言っているのだろうか。

　まず学級に入ったそのときに教員を戸惑わせるのは、チャイムが鳴っても自分の席についていない子どもたちの姿だろう。そして、教員の指示に反応せずいつまでも私語を続けている姿を見て、学校生活の基本的ルールである「けじめ」ができてないと感じるのである。ここでの「基本的な生活習慣ができてない」という言葉は、特定の個人に向けて言うときや、その当該学年集団に向けて言う場合がある。

　学校生活の基本とは、担任にとっては主として学級生活を集団で行っていく上での最低限のルールである。それができていないということは、具体的には遅刻をしない、あいさつ、チャイム後の着席、話を聞く姿勢、授業前の準備、忘れ物、身だしなみ等々が、学年が上がっても身に付いていないことを指している。そして、それらの指導内容を家庭に連絡するときの保護者対応の難しさに直面し、課題のありかとして「家庭でのしつけができてないからだ」と、半

53

第6章　基本的な生活習慣・規範意識の育成

ばあきれ顔で担任は受け止め，ついぼやいてしまうのである。

　それでは基本的な生活習慣とは何だろうか。それは，生活習慣が健康で文化的な規律ある生活を日々滞りなく送っていくための生活の型の繰り返しにあり，その中でも特に生存的な行為として日常的に繰り返されるもの，食事，睡眠，排泄，着脱衣，清潔の5つの習慣を基本的な生活習慣と呼んでいる[1]。この内容は，就学前の幼稚園教育における目標であり，「健康，安全で幸福な生活のために必要な基本的な習慣を養い，身体諸機能の調和的発達を図ること」（学校教育法第23条二）を指導の基本としている。この幼児段階での基本的な生活習慣の乱れは，小学校以降に大きな影響を与えることになる。

1）松田純子　実践女子大学「生活科学部紀要」第51号，2014.

　次に小学校段階の目標として，基本的な生活習慣には社会生活上のきまりを身に付けるとともに，行為の善悪が判断できるように，礼儀作法，規則の尊重等，社会生活に必要な条件が加わってくる。子どもたちは集団生活を通した，自立への第一歩を歩み始めることになる。

　中学校段階以降では生活習慣を身に付けることは，子どもたちの心身の健康を増進し，気力と活力に満ちあふれた充実した人生を送る上で欠くことのできないものとなり，人格形成に深く関わるものとして，人と社会の関係性が重視される道徳的価値として，より社会性を帯びた形として発達段階的に位置付けられてくる。

　学校での指導内容として基本的な生活習慣は，大きく① 生命尊重，健康に関すること，② 規則やきまりのある生活に関すること，③ 人間関係づくりに関すること，に分類され，具体的には次のように教員には理解されている。

> ① あいさつがしっかりできる。
> ② 時間をしっかりと守れる（遅刻をしない等）。
> ③ 食事をしっかりとれる（朝・昼・夕食をマナーを守ってしっかり食べる等）。
> ④ 生活の目標や計画を自分自身でしっかり立て，それを実行できる。
> ⑤ 身の回りの整理・整頓，掃除等が自主的にできる。
> ⑥ 服装や頭髪を正しく整えられる。
> ⑦ ボランティア活動等に積極的に参加できる。
> ⑧ 社会や家庭，学校等のルールをしっかり守ることができる。

出典）奈良県教育委員会「奈良県高等学校生徒指導ガイドライン」2011.

　基本的な生活習慣は，生活範囲や交友関係の広がりとともに，発達段階に応じて，またあらゆる教育機会を通して繰り返し，繰り返し指導されて身に付いていくものである。

　義務教育段階では，基本的な生活習慣をもとに日常の集団生活を通してルールを守ることの必要性を理解させるとともに，「規律ある行動（規範意識）」を身に付けさせることが重視される。

1　基本的な生活習慣の確立とその課題

　中学生になると、集団の規律や社会のルールに従い、仲間と互いに協力しながら自分の責任を果たすことで、集団や社会が成り立っていることを理解できる発達段階にあるといわれている。そのため教員は、学校生活が、規律や社会的ルールを学ぶ場であるという認識に立ち、学習環境の整備や学校内の規律の維持に取り組む。それは、社会生活を営む上で必要とされるマナーを、体験的に習得させていくことにある。社会的規律が習慣化されるということは、規範意識として道徳的価値の内面化が行われるということである。

　しかし子どもたちには、自分の行為はしてはいけないことだと認識できても、そのことにより相手の立場に立ってその痛みを感じたり、なぜそうなってしまったのかを考えることができないまま繰り返してしまうことがある。そのため、教員側の子どもへの期待が込められているだけに、「どうして…」とついつぶやいてしまったりする。

　なぜ、このようなことが起こるのだろうか？　指導した結果をすぐに求めていなかったか？　価値観の押し付けになっていなかっただろうか？　子どもたちに規範についての理解と自分の行為の是非やその結果として相手がどのような想いを抱くのかということに対する理解（内省の機会）を広げ深めていかなければならない。

　図6-1を見てみよう。図中に、「ここにあらわされている生活のリズム形成サイクルから、生活習慣が乱れていないか点検してみましょう」とあるように、家庭でのしつけと共に「人としての行動や態度の基本となるもの」としての人

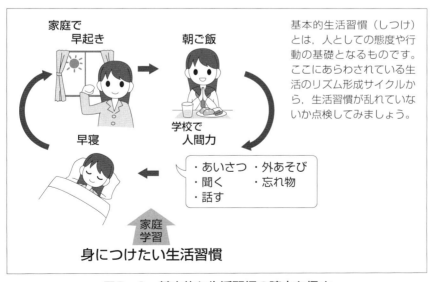

図6-1　基本的な生活習慣の確立を促す
参考）奈良県広陵町立広陵東小学校HP「家庭と学校共同プロジェクト」を基に作成

第6章　基本的な生活習慣・規範意識の育成

図6−2　SNS使用への規範意識を促す
出典）東京都教育庁指導部指導企画課「SNS東京ノート4」2020, p.3.

　間力の育成を学校が担っていることがわかる。
　基本的な生活習慣の確立が生活規範の基礎となるし，集団生活での規範意識が個人の生活の見直しと改善を自覚させる意味では，相補性があるといえる。
　しかし，近年の子どもたちの基本的な生活習慣や規範意識は局面を新たにしているように見える。従前よりコンピュータゲームによる昼夜逆転による寝不足や授業中の居眠り，屋内での遊びの増加等が指摘されていたし，家庭内では時間を決めてゲームをする等の生活上のルール作りがいわれだした。
　今日ではそれがスマートフォンに変わり，SNSへの過度の依存状況が子どもたちの日常生活に影響を与え始めている。また，秘匿性をもったSNS利用によって，金銭被害やいじめ加担に留まらず，子どもたちが犯罪被害に遭ったり，巻き込まれたりするケースも増えてきている[2]。東京都教育委員会が編集するSNS東京は，「それをしたらどうなるのか？」と問い掛け，高度情報化社会を安全に活用して暮らしていける規範意識のあり方を，子どもや保護者にとどまらず指導する教員にも提供してくれている。

2）樋口 進（構成・文/黒川祥子）「心身をむしばむ依存のサインを見逃さないために」イミダス・集英社，2013.

2　校内規律の指導における基本

　これまでも生徒指導をめぐる状況が時代とともに変化していることはあったが，今日のように校内規律が求められるようになった背景には，とりわけいじめ問題の深刻化や自死の問題等への対応の難しさがあげられる。これらの指導には学校側の法令遵守（コンプライアンス）が厳しく問われ，当事者（家庭）も

含めた社会への説明責任が求められることにも起因している。また，オーバードーズ[*1]やネグレクトといった孤立を深める子どもたちへの対応，SNSの発展もあり社会環境等の大きな変化とともに生徒指導上の問題が多岐にわたり，その問題行動の多くが教員には死角になってきていること，一人の教員では抱えきれなくなってきていることも大きいといえる。新たな生徒指導の局面は，従来の教員の経験知では捉えきれず，指導が難しくなってきている。

　とりわけいじめ問題の対応の難しさの原因は，報道内容からも学校・教育委員会側の対応のまずさ，教員の生徒指導案件への初動のミスが起因していると考えられる。それは，問題事象への認識不足であり，当該児童生徒や保護者からの傾聴ができていなかった反省でもあるが，問題の解決にあたる教員を支援していくための校内連携体制が脆弱であったということも指摘されている[3)]。他方で，社会の側では，これまでの道徳観が揺らぎだし，規範意識が相対的に低下してきていることも背景にあるだろう。つまり当事者の問題行動・行為が及ぼしたことへの認識の隔たり，経験知に依拠して指導してきた教員側の無自覚さが指導のずれとして表出してきたといえる。

　これまでの教員たちの認識としては，保護者から授業に関しては概ねコンセンサスが得られていたといえるが，生徒指導に関しては多様な保護者の考え方があってその対応に苦労してきた。だが今日的には，授業そのものも揺らぎだしている。それは，保護者が学校に求めるものが多様化し変化してきていることに現れている。その多様化する保護者の意識に対応する形で，多様な学校の形が生まれ，生徒指導の在り方にも反映されてきている。そしてコロナ禍以降，今まで当たり前と考えていた学校に登校すること，学級で学ぶことの意味まで問われ始めるようになった。

　上記の生徒指導に対しては，規範意識の醸成が必要とされ，学校内のすべての教職員が共通認識のもと，組織的に一貫性をもって対応するよう，校内の生徒指導体制を整備することが重要になってくる。また，これら生徒指導への根拠となるのは，社会のルール（法）やマナーであり，その理解に基づく指導が求められる。

　これまでの暴力行為や非行事例がそうであったように，深刻化したいじめ問題やドメスティック・バイオレンス（DV），SNS上の中傷，薬物問題，性的逸脱行動等は法的に触れる問題であり，児童生徒自身にも自分の行動に対する法的な自覚や責任がこれからの社会では求められてくる。それは，近年の少年法の改正等によって，より強化されてきたといえるだろう。

　一般的にはこれまでも生徒指導は「ほうれんそう」（報告・連絡・相談）が重視されてきた。問題の深刻化を振り返ってみるとき，この「ほうれんそう」の

*1　**オーバードーズ**
（**過量服薬**）：風邪薬や咳止め薬等を，本来の効能効果ではなく，精神への作用を目的として，適正な用法用量を超えて大量に服用すること（厚生労働省HPより）。

3)　文部科学省「学校におけるいじめ問題に関する基本的認識と取組のポイント」

手続き上のまずさに起因してることが多かった。それは，問題事象の深刻化する以前にも，以後にもいえることである。そして，そこに意識されるべきこととして，研修と協働が加わって今日的な指導体制の基本となる。

　生徒指導に当たっては，児童生徒の発達段階や個々の子どもたちの成長に合わせた指導や配慮が大切になってくる。近年では特別な支援を要する子どもたちへの対応も増え，児童生徒の個別の事情や，特別な背景等に対する考慮も必要となってきている。その場合には，児童生徒の発達課題への理解を深めるとともに，その家庭との連携も必要となってくる。当然のことながら，そこには個々の児童生徒並びに教職員の人権に対する意識が問われてくる。そのためにも，教職員の研修が重要になる。

　次に，「チーム学校」という言葉に表れるように，これからの生徒指導体制の在り方（充実と強化）は，児童生徒の健全育成と問題行動の予防や解決に向け，学校全体で一致協力して取り組むことが基本となってくる。そのための，教職員の専門性と協働性が十分発揮される体制が求められてくる[*2]。

*2　チーム学校等の組織的連携については，第5章（p.43〜）を参照。

　しっかりとした生徒指導体制を構築するには，教職員がお互いの役割や業務分担（専門性等）を十分に理解し，実行し，助け合い，創意工夫する協働性が大切である。別の言葉でいえば，生徒指導へのカンファレンスの必要性といえるだろう。カンファレンスで大切にされることは，児童生徒の生活現実を様々な立場の教職員が自分たちの言葉で捉え，語り合うことである。

　私たちはややもすると指導の対象として児童生徒を，決められたルールや社会的価値観で捉えてしまいがちである。だが，様々な角度から児童生徒の問題行動の背景を捉えて話し合う中で，何者かになりたいと懊悩する児童生徒のリアルな存在が見えてくる。そこに児童生徒への共感が生まれ，発達援助への道筋が見えてくる。教員は児童生徒を変えることはできないかもしれないが，児童生徒が気付き，自らを変えようとする手助けはできるかもしれない。変わるのは児童生徒自身である。ベースにあるのは児童生徒へのリスペクトである。

　この協働は学校内にとどまらない。家庭・地域への生徒指導体制に関する情報提供の重要性も指摘される。SNSの時代になり，いじめ問題の対応に炎上する事態が増えた。ブラック校則への批判にもさらされている。家庭や地域の協力を得るには，学校が積極的に自校や校区における生徒指導の実態や指導体制に関する情報提供を普段から行うことが重要となってくる。児童生徒の規範意識の醸成については，学校教育だけで展開されるだけでなく，地域社会の青少年の健全育成の観点から問い直すことが必要である。

3 各校種毎の指導の実際と留意点

ここでは，2008（平成20）年に指導事例集として出された『規範意識をはぐくむ生徒指導体制』（国立教育政策研究所）より，各学校段階における生徒指導体制の在り方を概観していく。

（1）小学校の生徒指導体制

小学校の大きな特徴は，学級担任制のもとで生徒指導が行われるところにある。そのため，「学級運営と生徒指導の相互支持・促進による生徒指導体制の充実[4]」が求められてくる。『学級王国』という言葉に代表されるように，指導の全てを担任が背負いがちである。そのような，「担任の思い込みや抱え込みに陥ることなく，学級運営と生徒指導が相互に補完し合って学校全体としての生徒指導の充実・強化を図る[4]」ことが意識される必要がある。そのため，担任間の連携や情報共有は日頃から行っていきたい。

小学校の学級担任の日常業務は，教科指導も含めて多忙化を極めており，教員志望者の減少にとどまらず，若い教員の休職や退職も増えている。管理職は，教員たちの指導上の困難やニーズは何かを掬い取るよう意思疎通を図るとともに，担任が孤立しないよう組織的な支援の体制を整えていきたい。サーバントリーダーシップ（支援型のリーダーシップ）という言葉があるが，学校運営には強いリーダーシップが求められがちであるが，対話を深め，支え・ケアしていくフォロアーシップにもっと意識が向けられてもいいだろう。

また，児童の特徴として1年生から6年生まで，各発達段階があり，自己理解の差が大きいことがあげられる。そのため，規範意識の育成は，社会的ルールやマナーの意味や大切さを，児童の興味・関心に沿う参加しやすい形で体験する機会を設け，児童自身が社会的ルールを実感し納得していく生徒指導を進めていくことが大切である。児童の安心・安全への配慮も求められており，保護者との連絡調整も含め，地域の特性も生かした工夫ある地域ぐるみの見守りが必要である。

（2）中学校の生徒指導体制

中学校の特徴は教科担任制である。そのため，生徒指導主事が全体を見通した生徒指導体制の運営を図ることになる。学校内において課題解決に向けた協働的な取り組みを行うためには，生徒指導主事が協働体制の中核となり，コーディネーターとしての役割を果たすことが重要である。

4）国立教育政策研究所『生徒指導資料第3集 規範意識をはぐくむ生徒指導体制−小学校・中学校・高等学校の実践事例22から学ぶ−』2008，p.23.

第6章　基本的な生活習慣・規範意識の育成

　中学校の生徒指導の特徴は「見えにくさ」と「一致協力」でまとめられるだろう。「見えにくさ」は，いじめ問題や不登校，自傷行為だけにとどまらず，SNS上のトラブルに顕著に表れてきている。そのために，生徒個々に対するきめ細やかな指導と社会的ルールや責任感の自覚を生徒たちに求めていく場面が必要となる。校内暴力等の見た目上のトラブルは減ってきてはいるが，SNS上のトラブルは学校を越境している。そのため，個々の教師が「個人の判断で対応するのではなく，生徒指導主事が小学校との連携や中学校間の連携などにも留意して多面的に情報を収集し，生徒指導部会や学年会議，ケース会議等で方針を決定し，協働して指導・援助すること[5]」が大切である。

5) 4) と同じ，p.25.

　また，中学校は義務教育最終段階でもあり社会への入り口でもある。そのため，「学校生活は，規律や社会的ルールを学ぶ場であるという認識に立ち，学習環境の整備や学校内の規律の維持に取り組むこと[5]」が大切になってくる。そのため，対教師暴力や社会的規範を逸脱する行為に対しては出席停止等の懲罰も含め，指導方針がぶれないよう毅然とした態度で，「一致協力」した体制で臨む必要がある。

（3）高等学校の生徒指導体制

　高等学校の特徴としては，義務教育にはない中退や退学処分がある。また，情報端末の持ち込みや，貴重品の携帯も自己責任の上で認められている。教科も多岐にわたり学年配置されていたりして，教員が必ずしも学年を持ち上がるわけでもない。そのため，教職員の共通理解・共通実践の深化と生徒指導体制の充実のために，「客観的資料やデータを基に教職員の共通理解を図り，その上で，各学校の教育目標と生徒指導の関連性を明らかにし，全体構想を立て実践すること[6]」が大切になってくる。

6) 広島県教育委員会「生徒指導資料 No.32（児童生徒の規範意識を醸成するための生徒指導体制の在り方について）」2009，p.3.

　また，「法的効果を伴う懲戒処分が学校長に認められていることは，高等学校の生徒指導の大きな特質であるが，これまでの生徒指導措置状況について，その方法・内容面や効果面等から評価・点検し，懲戒処分の適切で効果的な運用を検討すべきである[7]」と，法令順守と自己管理能力，社会的責任が強く自覚される場面が求められている。

7) 6) と同じ，p.4.

（4）留　意　点

　留意点としては全校種にわたって，学校は地域社会において児童生徒の健全な育成の責任を担っているということである。そのため，「学校が保護者や地域住民の信頼に応えて説明責任を果たしていく[8]」ために，「学校評価を実施し結果を公表する[8]」ことが相互の連携協力を深めることにつながっていく。

8) 4) と同じ，p.22.

60

また，生徒指導体制の確立に当たっては，校長のリーダーシップ，教職員の意欲，保護者との信頼関係，関係機関等との連携協力等，学校運営における組織マネジメントの視点からの見直しも求められている。リーダーシップとは，指導過程を曖昧にせず，責任の所在を明らかにして指導責任を引き取ることである。その安心感が，教職員を一致団結させるだろうし，保護者・地域への説明責任を示すことになるだろう。

4 学校・家庭・地域の連携

　児童生徒を取り巻く社会環境が急激に変化し，児童生徒の悩みや不安も大きく変化している中，児童生徒への生活指導は学校だけで十分に担いきれるものではなく，学校と家庭等の理解と協力が欠かせない[3]。そのため，生徒指導の基準や指導内容の方針を保護者に知らせることが，学校と家庭の連携・協力につながるだろう。

　家庭や地域社会と連携するためには，基本的な生活習慣に関する学校の指導方針や指導の実際を，保護者や地域の人に明らかにする必要がある。学校への関心を向けてもらい，応援団になってもらうためである。具体的には，学校だより，学年だより，保健・給食だより等の学校からの通信から，基本的な生活習慣の形成を目指す学校の指導方針を知らせ，意見を交流させながら信頼を育み，家庭との協力を強化し，地域社会の協力を得るような工夫が求められる。

●演習課題

課題1：自身の中学・高校時代の規範意識と，最近の児童生徒の規範意識の差を，新聞や統計資料を持ち寄りながら，自身の実感も踏まえて話し合ってみよう。

課題2：規範意識の形成は，どこまでが学校の責任かについて話し合ってみよう。

課題3：生徒指導では，一致協力した毅然とした指導が求められる場面が多い。しかし，そのことが自身の子ども観や児童生徒対応のあり方と齟齬してしまい，指導のあり方に疑問が生じて悩む場面も生じてくる。このような場面を想定して，どのように指導の葛藤に向き合うべきかを話し合い交流させてみよう。

*3　家庭や地域との連携で全国的に取り組まれているものに，「あいさつ運動」「登下校の見守り」「交差点での立哨」等があり，これらは子供たちの登下校の安心と安全を見守る活動である。他にも「子供の火の用心」「地域の祭」「こども食堂」等，子供たちを地域の担い手としてどのように育てていくのかという，地域の共同性を持続的に醸成していく活動もある。学校だけでなく，地域の大人たちが家族の枠組みを超えて，児童生徒一人一人の「顔」と出会い，語り合いの場を設け，子供たちの変化や成長を見守っていけるような連携がますます重要になってくると考えられる。
犬塚文雄『社会性と個性を育てる毎日の生徒指導』図書文化，2006.

第6章　基本的な生活習慣・規範意識の育成

コラム　ヤングケアラー

　世界に先駆けて，ヤングケアラーの子供たちに目を向けたのはイギリスであった。イギリスでは1980年代末からヤングケアラーの実態調査や支援が行われてきた。それから遅れるところ20年以上を経て，日本でもようやくヤングケアラーの実態調査が行われ，支援の在り方が検討され始めた。現場の教員には，子供による家族の介護や兄妹の世話は，かつてより把握できていたことではあったが，それ自体が多少学校生活への支障（欠席や遅刻，忘れ物，それに伴う学力問題）をきたしたとしても，家族のあるべき姿として認識されていたように思われる。それが今日，「ヤングケアラー」として理解されることによって，重要な生徒指導の課題として認識されるようになった。家族のあり方も，社会経済の状況も昔とは変化してきている中，その手立てを当事者家族に委ねるだけでなく，その責任と重みを家族以外の人と社会が分かち合える手だてが模索されている。

　今日の日本社会では，相対的貧困という，社会の平均的な生活レベルよりも，著しく低い層（世帯年収127万円以下）が生まれてきている。しかし，かつての平均的家族モデル機能の感覚から，子供が家族のケアを担うことはあまり想定されていない。本来子供時代は，自分の勉強や友だち付き合いや体験を広げることに，自分の時間と能力を使うものである。そこが侵害されている現実に，ヤングケアラーの置かれている問題がある。ケアを担っている子供たちは，同世代からの取り残され感が強い。その深刻さは，同質性の高い集団の中で，異質な経験をすることを通して，周囲に合わせるのが苦しくなってくることで，不登校になって現れてくることである。ヤングケアラーたちは，最初のうちは頑張っていても，ケアが長期化するうちに，介護を必要とされることの依存性に抗うのが難しくなり学校生活を諦めていく場合が少なくない。

　ヤングケアラーは自分のやっていることを先生に気付いてもらえないまま，自尊感情や自信を失い，学校に対しても距離を置くようになっていく。教員は，子供に自尊感情があるうちに不登校の内実を見極め，子供が潰れてしまう前につながりを作っていくことが大切である。そのために，孤立しがちな子供に対して，話を丁寧に聞くことが求められる。

　ヤングケアラー支援の方向性としては，①ヤングケアラーがケアについて安心して話せる相手と場所を作ること，②家庭でヤングケアラーの担うケアの作業や責任を減らしていくこと，③ヤングケアラーについての社会の意識を高めていくこと，である。その際，学校がもっている価値観や規範で教え，諭してしまわないように注意し本人が何に不安を感じ，本来はどうしていきたいのかを聞き，どんな方法があるのかを一緒に考えることが大切である。

参考文献
澁谷智子『ヤングケアラー』中公新書，2018.

第7章 校則・懲戒・体罰等

校則は，小・中学校や高等学校等で学校のルールとして決められており，児童生徒にとっては，これまでの学校生活で最も身近に感じてきたことだろう。近年，教員の不適切指導，体罰やいわゆるブラック校則がマスコミで話題になることがある。

本章では校則や懲戒・体罰に関連する内容について解説する。

1　校則の運用とその見直し

（1）校　則

学校は，集団生活の場であることから，一定の決まりが必要である。校則[*1]は，学校のルールのことであり，学校が教育目的を実現していく過程において児童生徒が遵守すべき学習上，生活上の規律である。

校則について定める法令の規定はないが，2006（平成18）年，教育基本法が改正され，「教育を受ける者が，学校生活を営む上で必要な規律を重んずる」という文言が追加され（第6条第2項），これが校則の根拠に当たると思われる。

校則は，学校の教育目標の実現に照らして定められていることから，教育的意義を有している学校のルールである。

小学校には，中学校や高等学校のような細かな校則はないが，「学校のきまり」，「学校生活のきまり」等と呼ばれる簡単な決まりがある。

校則は，児童生徒の発達段階や学校，地域の状況，時代の変化等を踏まえ，教育目標を達成するために必要かつ合理的な範囲において，それぞれの学校において定め，教育目標の実現という観点から，校則を制定する権限は，学校運営の責任者である校長にあるとされている。

*1　校則：「児童・生徒を対象に，学校が制定した規則。生活指導文書的性格のものから，拘束性の強いものまで多岐にわたる。生徒心得」
出典）新村 出編『広辞苑　第7版』2018, p.993.

第7章　校則・懲戒・体罰等

（2）校則の内容

　校則は，児童生徒が守るべき学習上，生活上の決まりであることから，その内容は学業時刻や児童会・生徒会活動，服装，頭髪，学校内外の生活に関するもの等，様々な内容がある。校則の主な内容例を紹介する。

　・通学に関するもの（登下校の時間，自転車・オートバイの使用等）
　・校内生活に関するもの（授業時間，給食，環境美化，あいさつ等）
　・服装，髪型に関するもの（制服や体操着の着用，パーマ・脱色，化粧等）
　・所持品に関するもの（不要物，金銭等）
　・欠席や早退等の手続き，欠席・欠課の扱い，考査に関するもの
　・校外生活に関するもの（交通安全，校外での遊び，アルバイト等）

出典）文部科学省『生徒指導提要』2010，p.205.

　校則は，一般常識からかけ離れた厳しすぎる内容や昔からの慣習で続いている内容，今の時代に合わない内容，不合理な内容等がある場合があり，マスコミで「ブラック校則」として話題になることがある（ブラック校則については本章コラム，p.72を参照）。

（3）校則の運用

　『生徒指導提要（改訂版）』には，校則を学校ホームページに公開すること，児童生徒が決まりの意義を理解し，主体的に校則を遵守するようにするため校則の背景等について説明すること，入学予定者を対象とした説明会等で校則の内容を説明すること等が明記されている[1]。

　これまでは，教員が校則を守らせることに懸命となっていたことがあったが，児童生徒にとって本当に必要な内容であるかどうかを教職員間で共通理解することが必要である。また，児童生徒が校則の必要性とその意味を理解し，自主的に校則を守るように指導していくことが重要である。

　校則違反については，教員が頭ごなしに注意，指導するのではなく，児童生徒の個別背景の把握，違反に至る理由を聞くと共に，校則の意味を確認，反省を促し，どうすればよかったかを考える機会にすることが大切である。

（4）校則の見直し

　校則は，学校や地域の状況，社会の変化等を踏まえ，児童生徒の実情と合っているかどうか定期的に見直すことが必要である。また，児童生徒にマイナス影響がある校則については，どのような配慮が必要であるかを検証することも大切である。

1）文部科学省『生徒指導提要（改訂版）』2022，p.103.

校則の見直しについては，学校が一方的に決めるのではなく，学級会，児童会，生徒会等で校則について話し合う場を設け，児童生徒の意見や保護者や地域，学校関係者等の意見も聞きながら，校則の見直しをしていくことが望ましい。

児童生徒が校則の見直しについて参画する機会を設けることで，校則の意義を再認識することができ，校則を守ろうとする意欲が増し，児童生徒の自主的・自律的な行動につながっていく。

また，校則を見直す過程をホームページ等で公開し，学校が児童生徒と共に校則を見直していることを周知することも大事なことである。

校則は，学校ごとに作成するものであるが，近年，マスコミ報道で，校則の内容や指導が合理的な範囲を逸脱している指摘があることを受けて，文部科学省は，2021（令和3）年6月8日付で「校則の見直し等に関する取組事例について」の通知を行った。通知には，岐阜県，長崎県，鹿児島県教育委員会の取組事例を紹介するとともに，各教育委員会や学校等においては，取組事例を参考としながら，学校や地域の実態に応じて，校則の見直し等に取り組むように依頼する内容である。

このことを受けて，社会や時代の変化に合わせて校則を見直す学校が増えた。東京都は2022（令和4）年4月から「側頭部を短く刈り上げる『ツーブロック』の禁止」や「下着の色指定」「生まれつきの髪の色を黒に染めさせる」「自宅謹慎させる指導」「『高校生らしい』などの表現が曖昧で誤解を招く指導」の5項目の校則と指導方法を一律に廃止した。

また，学校の制服や標準服については，多様性への対応が問われるようになり，制服や標準服を見直す学校が増加している。制服や標準服は，多様性への配慮を目的に誕生した，性差を感じさせないユニセックス（男女兼用）デザインのもの，スカート，スラックス，ネクタイ，リボン等の組み合わせを自由に選ぶことができるものを採用する学校が増えてきている。また，制服や標準服を廃止し，私服に変更している学校もある。

2 懲戒と体罰

（1）児童生徒に対する懲戒

学校における懲戒とは，児童生徒を叱責，処罰することであり，懲戒については，法律で規定されている。

第7章　校則・懲戒・体罰等

学校教育法　第11条

校長及び教員は，教育上必要があると認めるときは，文部科学大臣の定めるところにより，児童，生徒及び学生に懲戒を加えることができる。ただし，体罰を加えることはできない。

学校教育法施行規則　第26条

　校長及び教員が児童等に懲戒を加えるに当つては，児童等の心身の発達に応ずる等教育上必要な配慮をしなければならない。

② 　懲戒のうち，退学，停学及び訓告の処分は，校長（大学にあつては，学長の委任を受けた学部長を含む。）が行う。

③ 　前項の退学は，市町村立の小学校，中学校（学校教育法第71条の規定により高等学校における教育と一貫した教育を施すもの（以下「併設型中学校」という。）を除く。）若しくは義務教育学校又は公立の特別支援学校に在学する学齢児童又は学齢生徒を除き，次の各号のいずれかに該当する児童等に対して行うことができる。

一　性行不良で改善の見込がないと認められる者

二　学力劣等で成業の見込がないと認められる者

三　正当の理由がなくて出席常でない者

四　学校の秩序を乱し，その他学生又は生徒としての本分に反した者

④ 　第2項の停学は，学齢児童又は学齢生徒に対しては，行うことができない。

⑤ 　学長は，学生に対する第2項の退学，停学及び訓告の処分の手続を定めなければならない。

　懲戒という言葉を聞くと，処罰という印象があるが，教員からの注意や叱責も含めて懲戒である。懲戒は，教育上必要と認めるとき（学校教育法 第11条），児童等の心身の発達に応ずる等教育上必要な配慮（学校教育法施行規則 第26条）の下に行われなくてはならない。

　義務教育で認められている懲戒は，肉体的苦痛を伴わず，懲戒権の範囲として考えられる「注意，叱責，居残り，別室指導，起立，宿題，清掃，学校当番の割当て，文書指導」等がある。

認められる（懲戒権の範囲）と考えられる懲戒例（退学・停学・訓告以外）

・放課後等に教室に残留させる。

・授業中，教室内に起立させる。（短時間）

・学習課題や清掃活動を課す。

・学校当番を多く割り当てる。

・立ち歩きの多い児童生徒を叱って席につかせる。

・練習に遅刻した生徒を試合に出さずに見学させる。

出典）文部科学省「学校教育法第11条に規定する児童生徒の懲戒・体罰等に関する参考事例」.

　「退学，停学及び訓告」の処分は，法律上の懲戒であり，校長が行う（学校教育法 第26条第2項）。

表7-1　法律上の懲戒（学校教育法施行規則　第26条）

	退学	停学	訓告
公立小・中学校・義務教育学校・公立の特別支援学校	×	×	○
国・県・私立小・中学校	○	×	○
高等学校・中等教育学校	○	○	○

　停学や退学も校長が行う懲戒である。退学は，児童生徒の教育を受ける権利を奪うものであり，停学はその権利を一定期間停止するものである。退学は市町村立の小学校，中学校，義務教育学校，公立の特別支援学校（小学部，中学部）では認められていない。それは，義務教育では教育を受ける権利が保障されているからである。一方，私立，国立の学校については，退学が認められている。それは私立，国立の学校を退学しても，公立の小学校，中学校へ転校し，教育を受ける権利が保障されているからである。

　停学については，教育を受ける権利がなくなるため，義務教育では，私立・国立・公立も含めて認められていない。

　訓告は，校長が問題行動のあった児童生徒に直接注意を与え，反省を求めることである。これは学校全体の意思として児童生徒の問題行動を戒め，反省を促すものであり，より大きな制裁的意味がある。

（2）体　罰

　体罰は，学校教育法第11条において禁止されており，児童生徒への指導に当たり，いかなる場合も体罰を行ってはならない。体罰は，違法行為であるのみならず，児童生徒の心身に深刻な悪影響を与え，教員等及び学校への信頼を失墜させる行為である。

　懲戒が必要と認める状況においても，決して体罰によることなく，児童生徒の規範意識や社会性の育成を図るよう，適切に懲戒を行い，粘り強く指導する。

> **体罰の定義**
> 　懲戒の内容が身体的性質のもの，すなわち，身体に対する侵害を内容とするもの（殴る，蹴る等），児童生徒に肉体的苦痛を与えるようなもの（正座・直立等特定の姿勢を長時間にわたって保持させる等）に当たると判断される場合は，体罰に該当する。

出典）文部科学省「体罰の禁止及び児童生徒理解に基づく指導の徹底について（通知）」24
　　　文科初第1269号（平成25年3月13日）.

第7章　校則・懲戒・体罰等

　　　　　文部科学省が示した体罰例は以下である。

身体に対する侵害を内容とした体罰
・体育の授業中，危険な行為をした児童の背中を足で踏みつける。
・帰りの会で足をぶらぶらさせて座り，前の席の児童に足を当てた児童を，突き飛ばして転倒させる。
・授業態度について指導したが反抗的な言動をした複数の生徒らの頬を平手打ちする。
・立ち歩きの多い生徒を叱ったが聞かず，席につかないため，頬をつねって席につかせる。
・生徒指導に応じず，下校しようとしている生徒の腕を引いたところ，生徒が腕を振り払ったため，当該生徒の頭を平手で叩（たた）く。
・給食の時間，ふざけていた生徒に対し，口頭で注意したが聞かなかったため，持っていたボールペンを投げつけ，生徒に当てる。
・部活動顧問の指示に従わず，ユニフォームの片づけが不十分であったため，当該生徒の頬を殴打する。

肉体的苦痛を与えるような体罰
・放課後に児童を教室に残留させ，児童がトイレに行きたいと訴えたが，一切，室外に出ることを許さない。
・別室指導のため，給食の時間を含めて生徒を長く別室に留め置き，一切室外に出ることを許さない。
・宿題を忘れた児童に対して，教室の後方で正座で授業を受けるよう言い，児童が苦痛を訴えたが，そのままの姿勢を保持させた。

出典）文部科学省「学校教育法第11条に規定する児童生徒の懲戒・体罰等に関する参考事例」

　　また，体罰には該当しない，正当防衛，正当行為は以下になる。

児童生徒から教員等に対する暴力行為に対して，教員等が防衛のためにやむを得ずした有形力の行使
　・児童が教員の指導に反抗して教員の足を蹴ったため，児童の背後に回り，体をきつく押さえる。

他の児童生徒に被害を及ぼすような暴力行為に対して，これを制止したり，目前の危険を回避するためにやむを得ずした有形力の行使
・休み時間に廊下で，他の児童を押さえつけて殴るという行為に及んだ児童がいたため，この児童の両肩をつかんで引き離す。
・全校集会中に，大声を出して集会を妨げる行為があった生徒を冷静にさせ，別の場所で指導するため，別の場所に移るよう指導したが，なおも大声を出し続けて抵抗したため，生徒の腕を手で引っ張って移動させる。
・他の生徒をからかっていた生徒を指導しようとしたところ，当該生徒が教員に暴言を吐きつばを吐いて逃げ出そうとしたため，生徒が落ち着くまでの数分間，肩を両手でつかんで壁へ押しつけ，制止させる。

> ・試合中に相手チームの選手とトラブルになり，殴りかかろうとする生徒を，押さえつけて制止させる。

出典）文部科学省「学校教育法第11条に規定する児童生徒の懲戒・体罰等に関する参考事例」

3　不適切指導

　　毎年，教員による行き過ぎた不適切指導や体罰がマスコミで話題になる。では暴言は体罰に当たるのだろうか。体罰の定義は，身体に対する侵害，肉体的苦痛がキーワードである。暴言が体罰に当たるかは，学校教育法第11条の条文では明らかとなっていないが，暴言による精神的苦痛は，肉体的苦痛と同等かそれ以上に，児童生徒の心身に大きな影響を与える場合がある。このことから東京都教育委員会では，「暴言や行き過ぎた指導は，体罰概念に含まれないが，体罰と同様に，教育上不適切な行為であり許されないものである[2]」と公表している。

2) 東京都教育委員会「体罰根絶に向けた総合的な対策」2013, p.12.

　　不適切指導例は「生徒指導提要（改訂版）」にも記述されているが，東京都教育委員会で示されている事例を紹介する。

不適切な指導の例

・算数の授業中，机間指導や全体指導の際に，児童に注意を与えながら出席簿や指示棒で頭部を軽くたたいた。
・野球部の練習に遅れた生徒に対して，顧問教諭が指導している最中に，当該生徒が笑ったので，「ふざけるな」と言って胸部を押した。
・バレーボール部の練習中，顧問教諭が何度も同じことを繰り返し注意したのに反応することができない生徒に対し，腹部にボールを当てた。
・試合に負けたため，外部指導員が，部員18名を1列に並べ，空のペットボトルで，全員の頭を軽くたたいた。
・学芸会の演技指導中，教師からの呼び掛けに答えない児童に対し，気付かせるために，自らの靴を児童の近くに投げた。
・学級担任が，授業中に「机を蹴る」「机をたたく」「児童を廊下に出し，同児童の胸倉の部分をつかむ」等の行為を繰り返した。

出典）東京都教育委員会「体罰根絶に向けた総合的な対策」2013, p.13.

　　このような不適切な指導や体罰は，決して許されないだけでなく，不登校や自殺の要因につながることもあり，留意する必要がある。

第7章　校則・懲戒・体罰等

4　体罰等による教員の懲戒処分

　文部科学省が行った2023（令和5）年度公立学校教職員の人事行政状況調査「体罰に掛かる懲戒処分等の状況（教育職員）」で，体罰で懲戒処分等を受けた公立学校の教員は，全国で343人（前年度比54人減）である。小・中・高校，特別支援学校の体罰の内容では，「素手で殴る・叩く」が46.2％で最も多い。小・中・高校，特別支援学校のいずれも，体罰が起きた場面は「授業中」，場所では「教室」の割合が最も高かった。

　教員が児童生徒に体罰を加えた場合は，その内容により教育委員会より懲戒処分（戒告，減給，停職，免職）を受けることになる。

体罰例1

　2023（令和5）年10月25日，男性教諭は，算数の授業態度が悪かったとして，男児を教室に残して指導した際，左耳やほほを複数回平手打ちした。担任教諭は男児から体罰を受けたと聞いたが，保冷剤を与えるにとどめ，病院に連れて行かず，保護者にも連絡しなかった。鼓膜損傷により全治1か月の負傷であった。

　処分：2024（令和6）年2月2日　平手打ちをした教諭は体罰により戒告処分

出典）朝日新聞　DIGITAL　2023年10月27日

体罰例2

　2023（令和5）年6月14日，女性教諭が担任する6年のクラスを指導していた際，学校が使用を禁止しているシャープペンを使っていた女子児童を発見。ランドセルにしまうよう指示したが児童が従わなかったため，腕をつかみ，手からペンを引き抜いた。その後，教室の壁に掲示されている生活のルールを確認するよう児童に指示。従わなかったため，手首をつかみ，壁の前に連れて行こうとしたが，児童は抵抗。手を振りほどこうとして転倒し，机に後頭部を打った。児童は右上腕部の皮下出血や右肩関節捻挫などの軽傷を負った。

　処分：2023（令和5）年9月26日　減給10分の1（3カ月）

出典）産経新聞ニュース　2023年9月26日

暴言や不適切な発言例

　2023（令和5）年8月の部活動の時間に忘れ物を取りに帰った生徒に市立中学校の男性教師（52）が「車にひかれたかと心配したぞ」と声を掛けた後，「一度ひき殺されて来い」などと発言。保護者からの連絡を受けて学校が調査したところ，2022（令和4）年11月ごろからこの教師が授業中に7人の生徒を動物に例えるなど不適切な発言があったことが判明。

　処分：2024（令和6）年2月20日　減給10分の1（1カ月）

出典）NHK　長崎NEWS WEB 2024年2月28日

5 出席停止制度の運用

> **学校教育法 第35条（小学校） 第49条（中学校）**
> 　市町村の教育委員会は，次に掲げる行為の一又は二以上を繰り返し行う等　性行不良であつて他の児童の教育に妨げがあると認める児童があるときは，その保護者に対して，児童の出席停止を命ずることができる。
> 　一　他の児童に傷害，心身の苦痛又は財産上の損失を与える行為
> 　二　職員に傷害又は心身の苦痛を与える行為
> 　三　施設又は設備を損壊する行為
> 　四　授業その他の教育活動の実施を妨げる行為
> ②　市町村の教育委員会は，前項の規定により出席停止を命ずる場合には，あらかじめ保護者の意見を聴取するとともに，理由及び期間を記載した文書を交付しなければならない。
> ③　前項に規定するもののほか，出席停止の命令の手続に関し必要な事項は，教育委員会規則で定めるものとする。
> ④　市町村の教育委員会は，出席停止の命令に係る児童の出席停止の期間における学習に対する支援その他の教育上必要な措置を講ずるものとする。

　前述したように，公立小学校及び中学校は義務教育であるため，退学は認められていない（学校教育法施行規則第26条）。しかしながら，学校が最大限の努力をして指導を行ったにもかかわらず，性行不良であって他の児童生徒の教育の妨げがあると認められる児童生徒があるときは，校長ではなく，市町村教育委員会がその保護者に対して，児童生徒の出席停止を命ずることができる（学校教育法第35条，第49条）。この出席停止制度は，本人の懲戒という観点からではなく，学校の秩序を維持し，他の児童生徒の教育を受ける権利を保障するという観点から設けられている。

　この出席停止は，他の児童生徒の教育を保障するために行われるため，停学とは異なる。出席停止中であっても，当該児童生徒の学習の支援をする必要がある。

●演習課題

課題1：校則は必要かどうか，児童生徒，あるいは先生の立場から校則に対する考えをまとめよう。

課題2：何度注意しても学校の決まりを守らない児童生徒にどのような指導を行うとよいだろうか。教員になったつもりで考えをまとめよう。

課題3：公立小学校，中学校における出席停止は，どのような場合にどのような方法で行われるだろうか。

コラム ブラック校則

　これまで校則は非行防止という観点が根強くあり，髪型や服装等を緩めると，学校の風紀が乱れると一般的に考えられていた。近年，厳しすぎる校則がブラック校則と呼ばれるようになった。ブラック校則とは，合理的範囲を逸脱した校則であり，合理的な理由がなく決められた不合理な校則のことである。

　では，具体的にどのような不合理な校則があるだろうか。「地毛を黒髪に強制的に染髪させる」「天然パーマの地毛証明提出」等の校則がある。髪の色や質感は個人差があり，地毛を黒髪に染めることや髪質の矯正を強いる校則は，生徒の身体的特徴や容姿の多様性を否定するものであり，個人の尊厳を傷つけるブラック校則に当たる。

　この他にも，厳しすぎる校則の例として髪型があり，「パーマ，ポニーテール，三つ編み，ツーブロック」等が禁止の学校がある。校則ではないが，部活動での丸刈り指定の学校もある。また理由が曖昧な校則として，防寒着・靴・髪型や前髪の長さの制限，ソックスや下着の色，日焼け止め禁止等がある。

　近年，性別により異なる校則が話題となっている。その例として制服があり，ここ数年で多くの学校で制服の見直しが行われ，ジェンダーレスの制服を採用する学校が増えている。

　文部科学省は，2021（令和3）年に県教育委員会を通じ学校へ「校則の見直し等に関する取組事例について」で，学校を取り巻く社会環境や児童生徒の状況の変化により，校則の内容が児童生徒の実情，保護者の考え方，地域の状況，社会の常識，時代の進展等を踏まえたものになっているか，絶えず積極的に見直さなければならないとし，校則の見直しに取り組むように促している。

　2022（令和4）年に，「生徒指導提要」の改訂が行われ，校則の意義が適切に説明できない校則，不要に行動が制限され，児童生徒がマイナスの影響を受ける校則について，検証・見直しを図ることが重要であるとしている*。

　現在，多くの学校で校則の見直しが行われている。生徒会が中心となり，校則を見直し，ツーブロックの許可，コートの自由化，グレーのセーターの着用が認められた高等学校がある。

　このように生徒が参画した主体的な校則の見直しは，中学生・高校生のあるべき姿や規範意識について考えるだけでなく，生徒の自主的な行動につながる。

　*　文部科学省『生徒指導提要（改訂版）』2022, p.102.

特別コラム　震災後の生徒指導・教育相談の実践

　2024（令和6）年1月1日（月）16時10分発生の能登半島地震は，尊い人命，生物や無数の財産を奪った。今回，私が校長（当時）として判断した避難所の臨時開所と運営，学校再開に向けた準備，学校再開後の取組等について述べる。

1．避難所の臨時開所と運営

　大津波警報が発令される中，妻に両親を任せ，校舎内外の被害状況の確認と応急対応のために，自宅玄関の瓦礫（がれき）をかき分け16時30分学校へ向かった。悪路により通常15分程度で到着するところ倍の時間を要し，何とか17時に到着することができた。

　職員玄関の扉は曲がり，保健室天井からは水が漏れ，演劇稽古場の大窓の損壊，体育館窓の損壊，グランドの大規模な地割れ，実習棟の壁のひび割れ等，大変厳しい状況を目の当たりにした。駐車場には大津波と地震から身を守るために続々と人々が避難してきた。

　このような状況のもと，学校を避難所とすることを念頭に事務職員2名と共に防火扉を開け，校舎内の安全点検を行い，トイレットペーパーの補給，ストーブの準備，会議室（じゅうたん敷），2階教室の暖房準備を行い，避難者の受け入れの準備を整えた。その間，近くの本来の避難所である小学校が，開所できないのではないかという情報が寄せられたことから，私の判断で17時20分，県教育委員会，七尾市それぞれに電話で「本校は今から避難所を開所し，避難者を受け入れます」と申し入れ，避難所を開所した。高齢の方，障害のある方，小さな子ども連れた家族，ペット同伴の方，訪日数週間の企業実習生30数名等，130名を超える人々が避難してきた。2階の6つの教室と会議室に避難者をそれぞれ誘導し，各教室を回り，「安心してください。何か心配なことがあれば校長室にお寄りください。私が対応いたします」と声を掛けた。幸い停電がなく，トイレは雨水の利用により通常の使用が可能な状態であった。日ごとに食料確保が容易になり，避難者の方々が少しは安心して過ごされたのではないかと感じていた。当初，私や他教職員が担っていたごみの処理やストーブの給油，トイレの清掃，会議室前のスリッパを並べる等，避難者の方々は積極的に避難所運営に携わってくださった。私は6日間の全日，避難所の運営にあたったが，多くの避難者の表情が次第に和らいでいったように感じた。近くの小学校が避難所として開所されたことから1月6日（土）に避難所の閉所を決断し，1月4日（木）から閉所案内，次の避難所場所ならびに連絡先を紙面で掲示した。避難者からの苦情は一切なく，また，一人の体調不良者も出さず閉所することができた。見送りの際，避難者の方々からたくさんの感謝の言葉をいただき，また後日複数の手紙も届いた。

2．学校再開に向けた準備

　多くの教職員が被災していることから教職員の健康と安全の確保がなければ，学校の再開は

特別コラム

見込めないと考え，まずは教職員と家族の健康と安全を第一に，無理をしないようにと1月2日午前，学校運用メールを利用して発信し，教職員の安否確認を行った。また，同時に各担任に対し，学校運用メールによる生徒の安否確認の指示を行った。

　学校再開に向けた準備として「学校再開に関わる連絡事項（p.76）」「個人面談の準備・研修会」「生徒の避難所先訪問」について述べる。

（1）教職員への共通理解・共通行動を図る「学校再開に関わる連絡事項」

　1月5日（金）には多くの教職員が勤務できない状況であったが，校長として教職員の安心感を図るために，これからの見通しについて紙面を配布し，20分間で説明した。出席できない教職員にはメールで配信した。「休校について」「本日の業務」「9日・10日の業務」「生徒の発表会等の行事」「学校再開の条件」「避難所」「その他」を記述した。「生徒の発表会等の行事」については登校できない生徒も多く，また校外での発表は生徒や教員の準備負担と安全を考慮し，中止や不参加の措置をしたが，生徒や保護者からの苦情等は一切なかった。この1枚のペーパーにより教職員の共通理解による共通行動が図られた。この他にも行事確認表を作成し，卒業式，高等学校入学者学力検査や合格発表，終業式までの行事日程を明確に示した。各行事は避難経路等の検討を重ね，無事終えることができた。

（2）個人面談の準備・研修会

　学校再開にあたり，震災による生徒の不安を軽減することを目的に全生徒を対象に個人面談の計画を行い，研修会を実施した。これまで私が毎回講師として，「生徒面談における積極的傾聴の在り方」「生徒指導の3機能を生かした教育実践」「保護者対応」「生徒理解の深化～心理検査を利用した生徒理解と学級経営について」「事例検討の進め方」「生徒の自己存在感を高める授業」（公共の授業を通して）等，生徒理解の深化を図る研修を行っていたことから，担当した教頭による研修は円滑に進行し，教員は聴くことにつとめること，生徒の言動をよく観ること，気になる生徒の情報共有を行うこと等，ロールプレイを通して面談における教員の在り方を学んだ。研修により，教員の表情や態度から生徒面談における不安が解消され，自信をもつことができたと感じた。

（3）生徒の避難所先訪問

　翌日の学校再開にあたり，1月14日（日）9時から14時まで避難所生活をしている生徒と直接面談し，声を掛け，心理面，生活面の実態把握に努めた。田鶴浜コミュニティセンター，田鶴浜体育館，高階コミュニティセンター，高階放課後児童クラブ，小丸山小学校，七尾サンライフプラザ，和田内会館の7カ所を訪問した。生徒は元気な姿を見せてくれ，各避難所の環境は異なり，居住スペースが限られており，中には安眠できない生徒の状況を知ることができた。すぐにその生徒の担任に電話連絡し，状況を報告し，暖かな言葉掛けや相談しやすい姿勢

をもつことを助言した。教職員には翌朝、口頭及び書面により避難所における生徒の状況報告を行い、共通理解を図った。

3．学校再開の取組

学校再開には、日々教育委員会へ報告・連絡・相談を行い、また、生徒の状況や施設の復旧状況について意見交換を重ねてきた。JR、のと鉄道は再開されていなかった。

（1）学校再開初日

1月15日（月）雪の朝、校長をはじめ、教職員が生徒玄関前で登校してきた生徒一人一人に声を掛け迎えた。保護者の自家用車、徒歩、自転車等、移動手段は様々であったが全校生徒301名中47名の生徒が登校した。LH、個人面談、授業が行われた。個人面談は全生徒対象により、継続して毎日実施されたが、教員が生徒の思いや願いを聴くことに努めたことから、生徒は安心して学校生活を送ることができたものと感じている。

写真1　校長による生徒の出迎え　　写真2　個人面談

安全管理として、隣接する小学校への保護者の自動車による送迎に関わる事故防止のために保護者へ「自家用車による校地内乗り入れのルート変更」について通知を行った。苦情や渋滞等の混乱もなく、交通ルールが遵守され、安全な登下校の時間が確保された。

（2）生徒の情報共有

学校再開後の2週間は、毎日学年団の情報交換後、学年主任と管理職による生徒の情報共有と生徒指導に関わる意見交換を行った。その際、気になる生徒や不安のある生徒には面談を重ねること等の指示を行った。この会議は全ての生徒の状況把握と対応について検討すると同時に、行事等の実施に関わる地震への対応等を綿密に計画する場ともなった。

今回、校長の判断と行動がいかに大切であることをあらためて認識させられた。地域住民の生命と安全を守る、学校再開のための決断、進むべき方向性や対応策を具体的に示し、確実に

特別コラム

実行する。それと同時に教職員，生徒の状況を把握し，心のケアをはかる。さらに教職員に繰り返し，未来を示し，労い，励ましながら指導助言を行うことはとても大切であった

　最後に生徒の避難所運営や炊き出しボランティア，PTA保護者の有志による避難所ボランティア，教職員の炊き出し材料提供ボランティア等の主体的な行動は学校の誇りである。2022（令和４）年度より実施してきた発達支持的生徒指導の実践「心を育てる生徒指導」は，ボランティア意識を高め，生徒の人間的成長に繋がったと感じている。

令和６年１月５日（金）朝礼
校長

学校再開に関わる連絡事項 No. 1

1. 休校について
　　（1）１月９日（火）１月10日（水）は，校舎内の修繕・安全管理のため休校
　　　　★コラボルにより６日，県教委の連絡の後，教頭より発信，自宅等での学習

2. 本日の業務
　　（1）執務室周辺の清掃，整理・整頓
　　（2）情報機器の動作確認（実習室含む）実習室等の設置機械等の動作確認，安全点検

3. ９日・10日の業務
　　（1）上記２の業務及び継続
　　（2）避難所の復元，清掃等
　　（3）リモート授業の準備（配信準備）
　　（4）生徒登校初日の面談準備「積極的傾聴」（全教員による）の事前研修

4. 学習成果発表会１月２７日（土）
　　（1）七尾サンライフプラザから破損状況により中止要請，安全優先のため，中止
　　　　★発表者を動画撮影し，配信する予定（保護者用）
　　（2）参加呼びかけ企業へ中止連絡を電話で行う（連絡漏れ注意）

5. 県総合学科発表会１月２３日（火）寺井高校
　　（1）生徒の安全確保のため，現地には出向かない
　　（2）発表可能であれば，リモート等での対応を検討

6. 機械システム科（19日）・総合学科の校内発表会（18日）
　　（1）準備がスムーズに行うことができれば，実施する
　　（2）発表者の動画を撮影する

7. 学校再開の条件
　　（1）校舎内の安全確保がなされている
　　（2）教職員の健康等を含む環境改善が進んでいる
　　（3）生徒の生活環境等（断水等）の改善が進んでいる
　　（4）公共交通機関の再開
　　（5）生徒面談の準備完了（研修・面談中は生徒自習）
　　（6）その他

8. 避難所
　　（1）１月１日（月）17時10分 校長判断で開所，初日約130名避難
　　（2）避難場所は１階会議室及び２階２年生各教室を避難所としている
　　（3）１月６日（土）正午，閉所

9. その他
　　（1）教職員の心身の健康のため，不安なことがあれば管理職に相談下さい
　　（2）上記，対応に変更追加があれば，放送や文書，コラボル等でお知らせします
　　（3）始業式の日時，一斉集合による実施等は検討中です

第8章 いじめ・暴力行為への対応

児童生徒のいじめや暴力行為の現状を見ると，適切な人間関係を築くことができずに自分が抱える不安や攻撃性を不適切に発散して他者を傷つけてしまう子どもたちと，そのことによって深く傷つき孤立していく子どもたちの姿が浮かび上がってくる。

児童生徒が，「いじめをしない人，暴力を振るわない人」に育っていくために，学校・教職員には，様々な教育活動の場面において児童生徒が人権意識や市民性意識を身に付けるように働き掛けるとともに，学校内外の連携・協働に基づく「社会に開かれたチーム学校」として，一人一人の成長・発達を支えることが求められる。

1 いじめ問題の現状と課題

(1) いじめの現状

1) いじめの認知件数の増加と後を絶たない重大事態

「令和5年度児童生徒の問題行動・不登校等生徒指導上の諸課題に関する調査」（文部科学省，2024）によれば，小・中・高等学校及び特別支援学校におけるいじめの認知件数は732,568件と，前年度に比べ7.4%増加し，過去最多となっている。また，1,000人当たりの認知件数は57.9件（前年度53.3件），全学校の83.5%に当たる30,213校がいじめを認知したと報告されている。これらの数字は，いじめの深刻な状況が続いていることを示す一方で，「いじめ防止対策推進法[*1]」（以下，本章で「法」と表記）の成立以降，どのようないじめも見逃すまいという意識が教職員間に浸透してきた現れとして捉えることができる。

いじめ防止において重要なことは，未然防止に努めることはもとより，早期に認知し，早期に解消することであり，目指すべきは，「いじめゼロ」ではな

[*1] 本章コラム（p.86）を参照。

第8章　いじめ・暴力行為への対応

*2　法第2条に「児童等に対して，当該児童等が在籍する学校に在籍している等当該児童等と一定の人的関係にある他の児童等が行う心理的又は物理的な影響を与える行為（インターネットを通じて行われるものを含む。）であって，当該行為の対象となった児童等が心身の苦痛を感じているものをいう」と規定されている。

*3　いじめにより生命・心身・財産に重大な被害が生じた場合（法第28条第1項第1号）と，相当の期間学校を欠席することを余儀なくされた場合（第2号）を指す。第1号の例としては，自殺企図，精神性疾患の発症，重大な身体の傷害，多額の金品強奪や恐喝等があげられる。原因としていじめ（疑いも含め）が確認されれば，組織を設けて事実関係を明確にするための調査を行うことになる。第2号については，不登校の基準の30日を目安とするが，連続して欠席している場合には，迅速に調査に着手する必要がある。文部科学省「いじめの重大事態の調査に関するガイドライン（令和6年改訂版）」を参照。

く，「いじめ見逃しゼロ」である。「法」の広範ないじめの定義*2も，いじめが潜んでいる対象と内容の範囲を最大化し，いじめが深刻化する危険（リスク）を最小化することをねらいとしたものとして理解すべきであろう。

問題なのは，いじめの重大事態*3が1,306件（うち，いじめにより生命，心身または財産に重大な被害が生じた疑いのある事案は648件）と，調査が始まった2013（平成25）年度の179件に比べて7倍以上に増加しており，いじめを背景とする自殺等の深刻な事態の発生が後を絶たないことである。

2）いじめの重大事態が起きる背景

「いじめ防止対策の推進に関する調査結果報告書」（総務省行政評価局，2018年）によれば，重大事態を引き起こした要因として，① 組織的対応に係る課題（担任に全て任せ，学校として組織的対応せず等）（63.6％），② 学校内の情報共有に係る課題（担任が他の教職員と情報共有せず等）（60.6％），③ いじめの認知等に係る課題（定義を限定解釈し，いじめを見過ごす等）（56.1％），④ 教員研修に係る課題（いじめに焦点化した教員研修が未実施等）（45.5％），⑤ 未然防止において学校・学級づくりが不十分であること（45.5％），⑥ 被害児童生徒側への支援や加害児童生徒側への指導が十分でないこと（37.9％）等が指摘されている。

同様に，文部科学省も，重大事態が起きる背景として，「情報共有に基づく組織的対応」が不十分であることに加えて，重大事態として把握する以前には，いじめとして認知していなかったケースが490件（37.5％）も見られることから，学校としての「法に則ったいじめの認知」に課題があることが指摘されている[1]。

なお，2024（令和6）年に改訂された「いじめの重大事態と調査に関するガイドライン」（文部科学省）において，背景調査の目的が「対象児童生徒の尊厳を保持するため，いじめにより対象児童生徒が重大な被害を受けるに至った事実関係を可能な限り明らかにし，当該重大事態への対処（対象児童生徒への心のケアや必要な支援，法に基づいて，いじめを行った児童生徒や関係児童生徒に対する指導及び支援等）及び同種の事態の再発防止策（学校の設置者及び学校が今後取り組むべき対応策）を講ずることを行うこと[2]」であることが改めて明示された。また，重大事態の捉え方，重大事態の認知後の手続き等に加えて，重大事態を生まないための平常時の取組についても言及されている。

（2）いじめ防止対策の課題

1）学校・教職員に突きつけられているいじめ防止対策の課題とは

ここまで述べてきたいじめをめぐる現状を踏まえると，「生徒指導提要（改訂版）」（以下，本章で「提要改訂版」と表記）においても指摘されているように，

① 児童生徒の人権を守るために教職員間で「法」の共通理解を図ること，及び② 学校いじめ防止対策組織を中核にアセスメントに基づくチーム支援を実現することが，いじめ防止対策における喫緊の課題であるといえる[3]。

なお，これらの取組を進めるに当たっては，「校長のリーダーシップの下，いじめや暴力行為などを許さない学校運営や学級づくりを行うこと」が「全ての児童生徒にとって安全・安心な学校を実現する一歩[4]」となることを，教職員のみならず学校に関係する全ての者が，共通認識することが求められる。

2）法や国の基本方針等の共通理解

「提要改訂版」では，法は「いじめ防止に社会総がかりで取り組む決意を示すと同時に，いじめが児童生徒の自浄作用や学校の教育的指導に頼るだけでは解決が難しいほどに深刻化し，制御のために法的介入が行われることになったものと捉え[5]」，いじめ対応に大きな転換を迫るものであるとの認識をもつことの重要性が指摘されている。教職員が情報を抱え込み，対策組織に報告を行わないことは法に違反し得ることから，教職員間での情報共有を徹底することの必要性が強調されている。

また，国のいじめ防止基本方針[*4]〔2017（平成29）年改定〕においては，いじめの解消は，単に謝罪をもって終わりとするのではなく，① 被害者に対する心理的または物理的な影響を与える行為がやんでいる状態が相当の期間（3か月が目安）継続している，② 被害者が心身の苦痛を受けていない（本人や保護者の面談等を通じて確認する）という2つの要件が満たされることが必要であると明記されている。さらに，学校は，いじめ防止の取組内容を基本方針やホームページ等で公開することに加え，児童生徒や保護者に対して年度当初や入学時に説明することの必要性も追記された[6]。

3）実効的な「いじめの防止等の対策のための組織」の構築

「提要改訂版」では，法第22条で各学校に設置が義務付けられた学校いじめ対策組織が，いじめの未然防止，早期発見，事実確認，事案への対処等を的確に進めるには，「管理職のリーダーシップの下，生徒指導主事などを中心として協働的な指導・相談体制を構築することが不可欠[7]」と指摘されている。

具体的には，① 情報が集約され，早期に問題や危機をひろいあげることができる。② 観察やアンケート等によって得られた情報を蓄積，整理し，問題状況を正確に把握することができる。③ アセスメントに基づき，対応方針を速やかに決定することができる。④ 問題に応じて，学校内の援助資源，地域の社会資源を柔軟に活用することができる。⑤ 錯綜する情報をまとめるキーパーソンを明確にし，チームで継続的に指導・援助することができる。⑥ 問題を学校全体のこととして捉えることができる。そのうえで，「いじめ対策組

1) 文部科学省「令和5年度児童生徒の問題行動・不登校等生徒指導上の諸課題に関する調査結果概要」2024, p.1.

2) 文部科学省「いじめの重大事態の調査に関するガイドライン」2024, p.5.

3) 文部科学省『生徒指導提要（改訂版）』2022, p.120.

4) 3) と同じ, p.230.

5) 3) と同じ, pp.120-121.

*4 法の規定を受け，2013（平成25）年に，いじめを根絶するための具体的な取組や指針を示した国の「いじめの防止等のための基本的な方針」が策定された。これを踏まえて，地方公共団体は地域の実情に合わせて具体的な「地方いじめ防止基本方針」を策定することが努力義務とされ，各学校は，これらを受けて「学校いじめ防止基本方針」を策定することが義務付けられた。この国の方針は，学校教育現場だけでなく，社会全体でいじめ問題に取り組むための重要な指針といえる。

第8章　いじめ・暴力行為への対応

6）文部科学省「いじめの防止等のための基本的な方針」2017, p.25.

7）3）と同じ，p.126.

8）3）と同じ，p.125.

9）3）と同じ，p.127.

＊5　児童の権利に関する条約：18歳未満の児童がもつ権利を定めた国際条約で，1989（平成元）年に国連で採択され，1990（平成2）年から発効し，日本は1994（平成5）年に批准している。①児童生徒に対するいかなる差別もしないこと，②児童生徒にとって最もよいことを第一に考えること，③児童生徒の命や生存，発達が保障されること，④児童生徒は自由に自分の意見を表明する権利をもっていること，という4つの原則に基づいて，全ての子供に権利を保障することを目的としている。

織を起点として，教職員全員で共通理解を図り，学校全体で総合的ないじめ対策を行うこと[8]」が求められている。

　教職員間で情報を交換し，知恵を出し合い，問題に取り組んでいくためには，情報を「可視化」することが重要である。取組の評価と検証のためにケース会議等の記録を残すことの必要性はいうまでもないが，対応のプロセスにおいて，アセスメントシート等を活用して情報や対応方針の「見える化」を図り，具体的な動きについて共通理解することが実効性を高めることにつながる。

　また「提要改訂版」では，「組織が真に機能するためには，『無知，心配性，迷惑と思われるかもしれない発言をしても，この組織なら大丈夫だ』と思える，発言することへの安心感を持てる状態（心理的安全性）をつくり出すこと[9]」の重要性が指摘されている。お互いの価値観や考え方，想いの違いを受け容れながら，どの立場の，どの年齢のメンバーも対等にアイデアや意見を出し合うことができる組織であることが，学校いじめ対策組織を実効的なものとして機能させる基盤になると考えられる。

2 いじめに関する生徒指導の重層的支援構造

（1）「提要改訂版」が示すいじめ防止対策の方向性

　いじめ防止対策のこれからの方向性としては，「提要改訂版」が示す「させる生徒指導」から「支える生徒指導」への転換を受け，① いじめの未然防止の取組を充実させること，子供支援の視点に立ち，② 学校を起点に社会総がかりで子供を守り，支える体制を築くことの2点が指摘できる。

　なお，子供支援の視点に立ったいじめ防止対策を進めるためには，教職員間で国連「児童の権利に関する条約[*5]」〔1989（平成元）年〕，及びわが国の「こども基本法[*6]」〔2022（令和4）年〕の共通理解を図ることが不可欠である。

（2）2軸3類4層の重層的支援構造

　法第8条において，教職員は，① いじめの未然防止，② 早期発見，③ 適切かつ迅速な対処を行うことが責務であると規定されている。この対応のプロセスは「生徒指導の2軸3類4層の重層的支援構造」と重なるものと捉えられる。

　「提要改訂版」では，いじめ防止につながる日常の教育活動，未然防止教育から，予兆への気付き，いじめ発生時，発生後の対応まで，段階ごとに取組の

方向性と具体的内容，留意点等が詳しく示されている。生徒指導実践を構造的に捉えることで，個人の経験や勘に頼る対応から，理論に裏付けられ，見通しをもったいじめ対応への転換が可能になると考えられる。

4層構造に基づくいじめ防止の具体的な取組は，次のように整理できる。

① 発達支持的生徒指導：全ての児童生徒が，人権教育や市民性教育，法教育等を通じて，「他者を尊重し，人権を守る人」に育つように働き掛ける。

② 課題未然防止教育：道徳科や学級・ホームルーム活動等において，法や自校のいじめ防止基本方針への理解を深め，「いじめをしない態度や能力」を身に付けるための取組を行う。

③ 課題早期発見対応：日々の健康観察，アンケート調査や定期的な面談等を通じて，いじめの兆候を見逃さず，早期発見に努める。予兆に気付いた場合には，被害（被害の疑いのある）児童生徒の安全確保を何よりも優先した迅速な対処を行い，学校いじめ対策組織へ状況を報告する。

④ 困難課題対応的生徒指導：継続的な指導・援助が必要な場合には，丁寧な事実確認とアセスメントに基づいて，いじめの解消に向けた適切な対応を組織的に進めることが求められる。同時に，保護者とも連携しながら，被害児童生徒の安全・安心を回復するための支援と，加害児童生徒への成長支援も視野に入れた指導，両者の関係修復，学級の立て直し等を行う。

各学校においては，①～④に関して，自校の取組状況を振り返り，学校として「できていること」と「できていないこと」を明らかにして，次の取組へとつなげられるような校内研修等を実施することが望まれる。

（3）「社会に開かれたチーム学校」によるいじめ対策

社会総がかりでいじめ防止を進めるためには，「学校だけで抱え込まずに，地域の力を借り，医療，福祉，司法などの関係機関とつながること10)」が重要である。例えば，いじめが犯罪行為として扱われるべきものとされる場合には，所轄警察署と連携して対処することが必要となる。関係機関等との連携が図れるよう，日頃から「顔の見える関係」をつくっておくことが求められる。

また，保護者との連携においては，加害児童生徒に被害者の傷つきを認識させて十分な反省を促すとともに，「保護者にもいじめの事実を正確に説明し，学校と協力して，成長支援という視点を持ちながら加害者を指導する11)」ことが求められている。被害者の保護者はもとより，加害者の保護者との連携を図ることが，今後いじめの解消と再発防止において重要になると考えられる。その際，スクールソーシャルワーカーやスクールカウンセラー，スクールロイヤー*7との連携・協働を初期段階から進めることが効果的である。

*6 こども基本法：日本国憲法及び児童の権利に関する条約の精神に則り，次代の社会を担う全ての子供が，心身の状況，置かれている環境等にかかわらず，その権利の擁護が図られ，将来にわたって幸福な生活を送ることができる社会の実現を目指して，子供施策を総合的に推進することを目的として成立した法律である。子供施策の基本理念のほか，「こども大綱」の策定や子供等の意見の反映等について定めている。

10) 3）と同じ，p.138.

11) 3）と同じ，p.140.

*7 スクールロイヤー：学校・教育委員会・学校法人に対して，学校で発生するいじめ・不登校・学校事故，あるいは保護者への対応等，様々な問題について助言・アドバイスをする弁護士のこと。例えば，学校でいじめが発生したとき，スクールロイヤーは法律で義務付けられている対応の助言やサポート体制のアドバイス等を行う。

第8章　いじめ・暴力行為への対応

3 暴力行為の現状と背景及び対応の方向性

（1）暴力行為の現状

　暴力行為とは，「自校の児童生徒が，故意に有形力（目に見える物理的な力）を加える行為」をいい，被暴力行為の対象によって，「対教師暴力」（教員に限らず，用務員等の学校職員も含む），「生徒間暴力」（何らかの人間関係がある児童生徒同士に限る），「対人暴力」（対教師暴力，生徒間暴力の対象者を除く），学校の施設・設備等の「器物損壊」の四形態に分けられる。

　小・中・高等学校における暴力行為の2023（令和5）年度の発生件数は108,987件と，前年度から13,561件（14.2%）増加し，過去最多となった。全体を押し上げているのは，中学・高校ではなく，小学校，とりわけ低学年の児童の暴力行為の急増である[12]。

（2）低年齢における暴力行為の急増の背景

　小学校で暴力行為が急増している背景として，衝動性のコントロールが苦手で，内面の攻撃性を自分の中でうまく収めることができない児童が増加していることが考えられる。

　その原因については，幼稚園・保育所等の学びや生活と小学校の学びや生活との間に段差があるという制度的な問題に加えて，子供に基本的生活習慣やストレス耐性を十分に身に付けさせることができない家庭の教育力の問題が指摘できる。とりわけ，大きなストレスを抱えた保護者の下で，安心感を得られずに過ごす子供たちが苛立ちや不安をため込み，それを暴力という不適切な形で表出せざるを得なくなることは想像に難くない。

　また，通常学級に在籍する小・中学生の8.8%に，発達障害の可能性があるという状況の中で，衝動性のコントロールが苦手という子供自身の問題が絡んでいることも考えられる[13]。さらに，スマートフォン（スマホ）やタブレット端末の普及という急激な社会変化の中で，ゲームやアニメーションが大きな影響を与えていることも看過できない。こども家庭庁の調査によると，低年齢層（0歳～9歳）の子どもの74.9%がインターネットを利用し（2歳で58.8%），動画を視聴したり，ゲームを行ったりしている[14]。「よくスマホを使う人の方が衝動的になりやすく，報酬を先延ばしにするのが下手だ[15]」という指摘もある。

12) 1) と同じ，p.12.

13) 文部科学省「通常の学級に在籍する特別な教育的支援を必要とする児童生徒に関する調査結果について」2022.

14) こども家庭庁「令和5年度『青少年のインターネット利用環境実態調査』報告書」2024，p.149.

15) アンデシュ・ハンセン『スマホ脳』新潮新書，2020，p.15.

（３）暴力行為への対応指針

　文部科学省は，2009（平成21）年度に小・中・高等学校における暴力行為の発生件数が増加傾向にあったことを踏まえ，「暴力行為のない学校づくりについて（報告書）」を作成した。この報告書の冒頭で，「学校の秩序を乱し，他の児童生徒の学習を妨げる暴力行為に対しては，児童生徒が安心して学べる環境を確保するため，適切な指導，措置を行うことが必要である[16]」と暴力行為に対する基本姿勢が示されている。その際，従来と同じ指導では効果が期待できないとして，① 個に応じた指導，② 教職員と児童生徒の人間関係の重視，③ 家庭や関係機関等との連携による対応，という３つの視点が示された。

　各学校においては，「教職員それぞれの立場から児童生徒理解を深め，暴力行為の背後にある要因を踏まえた上で，児童生徒の内面に迫る指導を進め，関係機関等との連携の下，この問題の抜本的な解決に取り組む[16]」ことが大切であると指摘されている。そのためには，「事例研究，具体例に則した実践課題，対処スキルの獲得・向上を意識したワークショップ型研修など[16]」の実施，及び「暴力行為発生時の対応指針を明確にし，全ての教職員の間で共通理解を図り，意思統一を行って組織的対応の整備をする[16]」ことが求められている。特に，児童生徒の学校外における活動範囲の拡大や，スマホやインターネットの普及に伴う問題等，新しい傾向を示す多様な暴力行為への対応においては，それぞれの原因に応じて，スクールカウンセラーやスクールソーシャルワーカー，スクールロイヤー，スクールサポーター等の専門スタッフと連携した多面的なアプローチを可能とする指導体制を構築することが不可欠である。加えて，日常から保護者との連携を密接にし，「学校の指導方針についての理解と協力を得ること，信頼関係を確立する[16]」ことも必須の要件である。

16）文部科学省「暴力行為のない学校づくりについて（報告書）」2011.

4 暴力行為に関する生徒指導の重層的支援構造

（１）生徒指導の重層的支援構造に即した暴力行為への対応

　これからの暴力行為への対応においては，「提要改訂版」が示す暴力行為に関する生徒指導の重層的支援構造（図8-1）を教職員が共通理解したうえで，管理職と生徒指導主事が中心となって学校状況をアセスメントし，学校としての目標（ヴィジョン）を共有し，具体的な指導・支援計画をPDCAサイクルに

第8章　いじめ・暴力行為への対応

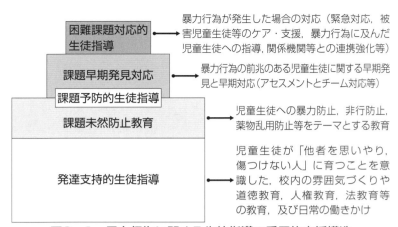

図8-1　暴力行為に関する生徒指導の重層的支援構造
出典）文部科学省『生徒指導提要（改訂版）』2022, 図10（p.146）.

基づいて実施していくことが重要である。

　「提要改訂版」においては，① 全ての児童生徒を対象に「暴力を振るわない人」に育つことを支える「発達支持的生徒指導」，② 道徳科や特別活動等の時間と関連を図り，教職員や外部の専門家が，暴力や非行をテーマとした授業やアンガーマネジメント・プログラム[*8]等を行う「暴力行為の未然防止教育」，③ 一部の児童生徒による，粗暴な言葉，相手を殴るような素振りや壊れない程度に物を蹴るといった振る舞い，まだ暴力を伴わないいじめといった「暴力行為の前兆行動の早期発見・早期対応」，④ 特定の児童生徒による暴力行為が発生した場合の緊急対応としての「困難課題対応的生徒指導」の４層の取組について，それぞれの段階の目標や具体的内容，留意点等が説明されている[17]。

　なお，取組に当たっては，暴力行為は被害児童生徒の人権を侵害するだけでなく，心身の状態や将来の進路形成に重大な影響を及ぼすことに留意する必要がある。また，いずれの取組においても，家庭はもとより，司法・医療・心理・福祉の関係機関等との密接な連携の重要性が指摘されている。

（２）暴力行為の防止につながる発達支持的生徒指導の具体化

　「提要改訂版」が目指す暴力行為に対する生徒指導は，特定の児童生徒の矯正を目的とした「させる生徒指導」ではなく，全ての児童生徒が「暴力を振るわない人」へと育つことを「支える生徒指導」である。その基盤となるのが，子供支援の視点に立った発達支持的生徒指導にほかならない。

　具体的には，第一に「安全・安心でお互いを尊重し合う校内の雰囲気づく

*8　アンガーマネジメント・プログラム：アンガーマネジメントは，1970年代のアメリカで誕生した，怒りの感情を上手に扱うための心理トレーニングで，怒りを感じること自体を否定するのではなく，「怒るべき部分に怒り」「怒る必要のない部分には怒らない」と区別をすることで，適切に自分の感情に向き合おうとするところに特徴がある。

17）3）と同じ，pp. 146-150.

り[18]」を進めることが求められる。暴力行為は連鎖するともいわれる。学校や家庭において大人の暴力を目の当たりにした児童生徒は，暴力を是認する誤った認識をもってしまうことがある。学校において，模倣されるような暴力行為のない，暴力行為を許容しない雰囲気づくりが重要となる。教職員による児童生徒への配慮に欠けた言動，暴言や体罰等が許されないことはいうまでもない。

第二に，教職員と児童生徒が，また児童生徒同士が，「豊かなコミュニケーションを通じてお互いを理解し，尊重し合える温かな学校の雰囲気づくり[17]」に努めることが大切である。そのためには，学級・ホームルームの内外に共感的な人間関係が築かれるように，教職員が「児童生徒の多様な個性を尊重し，相手の立場に立って考え，行動する姿勢を率先して示す[19]」ことが重要である。

第三に，「人への思いやり，助け合いの心，コミュニケーションの力を育む教育や日頃の働きかけ[20]」が重要である。暴力の背景には，「人の痛みを想像できないこと，『自分さえよければそれでよい。』という自己中心的な考え方が強いこと，また，自分の気持ちをうまく表現できずに衝動的な行動をとってしまうことなどの問題がある[20]」と考えられる。うまく感情を表現することができない児童生徒から，怒りや不快が生じた状況やどうしたいのかという思いを教職員がじっくり聞くことを通して，自らの感情に言葉を与える経験を重ねられるように働き掛けることが求められる。

暴力を振るう児童生徒への指導においては，怒りの感情や攻撃性の背後にどのような不安やストレスが潜んでいるのか，失われた安心感や信頼感を取り戻すにはどのような働き掛けが必要なのか，という理解を行わなければ問題の根本的解決に至ることは難しい。そのためには，子どもの言葉，時には「言葉にならないことば」（身体や行動で表すメッセージ）を丁寧に聴き取る作業が不可欠であろうし，それを可能にする時間と心のゆとりを教職員がもてるように環境を整えることが喫緊の課題であると思われる。

18) 3) と同じ，p.146.

19) 3) と同じ，p.47.

20) 3) と同じ，p.147.

● 演習課題

課題1：いじめ防止対策推進法によって，各学校・教職員に義務付けられたいじめ防止に向けた3つの取組とは何だろうか。

課題2：国のいじめ防止基本方針〔2017年（平成29）改定〕において示された，いじめ解消の2つの要件とは何だろうか。

課題3：暴力行為の防止につながる発達支持的生徒指導の具体的な取組として，どのようなことが考えられるだろうか。

第8章　いじめ・暴力行為への対応

●参考文献

新井　肇「生徒指導提要改訂版が示すいじめへの対応の方向性㊤㊦」日本教育新聞
　　（2023.4.17，4.24）.

新井　肇（2021）「低年齢化する暴力行為の理解と対応─コロナ禍における子どものス
　　トレス状況をふまえて─」月刊プリンシパル，**25**巻6号，2021，pp.16-19.

コラム　　いじめ防止対策推進法

　「いじめ防止対策推進法」（以下「法」と表記）は，2013（平成25）年6月に成立し，同年9月から施行された。いじめは相手の人間性とその尊厳を踏みにじる「人権侵害行為」であることを改めて共通認識し，「児童等の尊厳を保持するため」に，「いじめの防止等のための対策を総合的かつ効果的に推進する」という目的が，「法」第1条で示されている。いじめは子供の問題にとどまらず，社会の成熟度に関わる問題であるという認識の下，人権を社会の基軸理念に据えて民主主義社会の成熟を目指すという決意が表明されたものと捉えることができる。

　「法」がつくられた背景には，1986（昭和61）年に「お葬式ごっこ」等によって東京都の中学生が自殺した事件以降，これまで3回にわたっていじめが社会問題化したにもかかわらず，有効な手立てを講じることができずに，2011（平成23）年の大津でのいじめ自殺事件に至ったことへの反省がある。「法」には，「いじめ」と「死」が結び付く悲劇をこれ以上繰り返さないために，社会総がかりでいじめ防止に取り組むこと，重大事態等への対処において公平性・中立性を確保することが明記された。そのことを踏まえて，各学校は，① いじめ防止のための基本方針の策定と見直し，② いじめ防止のための実効性のある組織の構築，③ 未然防止・早期発見・事案対処における適切な対応を行うこと，が義務付けられた。

　一方で，「法」の成立は，本来私的責任領域の事柄であるいじめが，子供の自律性や学校の取組に頼るだけでは解決が難しいほど深刻化し，制御のためには法的介入もやむを得ないという判断が下された結果と捉えることもできる。「生徒指導提要（改訂版）」では，「法制化は，学校におけるいじめ対応に大きな転換を迫るものであると受け止める必要」があると指摘されている*。

　「法」の成立から10年が経過した今も，いじめの重大事態が後を絶たない現状を考えると，教職員が「法」の正しい理解に基づく適切な対応を行うことと，学校を社会に開いて教職員と保護者，地域の人々，関係機関等が子供をめぐって協力し合うパートナーとしての関係を築くことの重要性について，学校に関係する全ての者の間で改めて共通理解することが必要であると強く感ぜざるを得ない。

　＊　文部科学省『生徒指導提要（改訂版）』2022，pp.120-121.

第 9 章　不登校とは

本章では，不登校の定義やこれまでの変遷についてまとめたうえで，その背景要因について論じている。また，国の調査結果をもとに，不登校の児童生徒の気持ちについて理解を進め，必要とされる居場所や学びの場について，最近の取組を例にあげつつまとめてみたい。

1　不登校の定義[1]

　不登校の小・中学生は34万6千人を超え，年間90日以上の欠席者は全不登校者数の54%を超えた。さらに，学校内外のどこにも相談につながっていない児童生徒が約13万4千人と過去最多となっている[2]。不登校が増え続ける中，国は2023（令和5）年3月に「COCOLOプラン」を発出した。

　まず，この不登校の定義について考えたい。文部科学省によると，不登校は「病気や経済的な理由などといった特別な事情がなく，年間の欠席日数が30日以上となった状態[3]」と定義される。つまり，年間30日以上休んでおり，その原因が病気や経済的な事情でないものは全て「不登校」になる。ただし，不登校の子供たちが病院に行くと，「起立性調節障害」や「自律神経失調症」等の病名が付くことは多く，これらを"病気"とカウントするか"不登校"とするかに明らかな基準はない。また経済的な事情についても，不登校の背景に貧困やヤングケアラーの問題が潜んでいることは少なくないのであるが，不登校と貧困の間にも明確な線引きがあるわけではない。そのような中，「30日」という日数だけは具体的に定められている。ただし，欠席が30日に達するまで不登校とみなされない（つまり，何も手が打てない）わけではなく，遅刻・早退や断続的な欠席が始まったところで対応することが求められる。このように不登校の定義は厳密ではないため，不登校の定義に当てはめてから動くのではなく，不登校の予兆を感じた時点で未然防止や早期対応を始めることが肝要である。

1) 伊藤美奈子「不登校児童への適切な支援と体制づくり」小学校時報，862，2023，pp. 4-8.

2) 文部科学省「令和5年度 児童生徒の問題行動・不登校等生徒指導上の諸課題に関する調査結果の概要」2024, p.23, p.27.

3) 文部科学省「不登校の現状に関する認識」

第9章　不登校とは

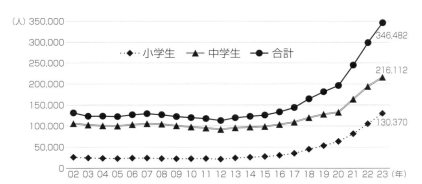

図9-1　不登校児童生徒の数
出典）文部科学省「令和5年度 児童生徒の問題行動・不登校等生徒指導上の諸課題に関する調査結果の概要」2024，p.23を参考に作成．

2　不登校の変遷

　ここで，不登校が日本の社会で話題になって以来の歴史的変遷について述べてみたい．

　日本社会で不登校が課題として取り上げられてから，早くも60年以上の歳月が流れた．その初期には，まだ人数が少なかったこともあり，"心の病気"とされ「学校恐怖症」と呼ばれていた．そして，その背景には母子分離不安の存在が指摘された．その後，人数が増えるとともに，教育の問題として扱われるようになり「登校拒否」と呼ばれるようになった．「不登校」という呼称が使われ出したのは，「どの子も不登校になり得る」「待つことが大切」という点を提起した文部科学省[4]あたりからといえる．その後，2000（平成12）年前後からは，不登校児童生徒は数的増加だけでなく，状態像や要因の多様化・複雑化も指摘され，不登校に対する国の指針も，その時々の状況に合わせて変遷を遂げてきた．筆者が初めて国の不登校に関する委員会に関わったのは，2002（平成14）年9月に発足した「不登校問題に関する調査研究協力者会議」であった．この会議では，多様化する不登校に対し，「ただ待つだけでいいのか？」という議論が盛んに行われたことを記憶している．この当時，話題になっていたいじめや発達的偏り，虐待等"待ってはいけない不登校"の急激な増加が背景にあったと思われる．その後も，いじめや虐待，発達的な偏りに加えて，性的マイノリティーや感覚過敏，さらに最近ではヤングケアラーに至るまで，現代社会の縮図ともいえる様々な課題が不登校の背景要因となっていることが明らかになってきた．

　そして，2016（平成28）年には「教育機会確保法（正式名称：義務教育の段階における普通教育に相当する教育の機会の確保等に関する法律．以下「確保法」と略

4）文部科学省「登校拒否（不登校）問題について：児童生徒の『心の居場所』づくりを目指して」1992．

記）」が公布され，"不登校というだけで「問題行動」と受け取られないよう配慮"するよう，指針が明文化された。この流れに先行し，2015（平成27）年に発足した国の会議は「不登校に関する調査研究協力者会議」と改称され，"問題"という言葉が消えていた。さらにそれとほぼ同時期に，文部科学省が毎年報告している調査データも「児童生徒の問題行動等生徒指導上の諸問題に関する調査結果」という名称が，2016（平成28）年度からは「児童生徒の問題行動・不登校等生徒指導上の諸課題に関する調査結果」と変更された。ここには，"不登校を問題行動に含んではいけない"という，国の強い姿勢が表れているといえそうである。

3 不登校の背景や原因

　不登校の背景には，学校要因や家庭要因，個人的な要因，さらには現代社会が抱える要因まで，非常に多くの要因が絡んでいる。学校要因の一つに勉強の問題があげられるが，これも「勉強がわからない・ついていけない」という学業の遅れに関するものだけでなく，「勉強はわかるがおもしろくない（つまらない）」という，ギフテッド[*1]にありがちな悩み，さらには「読み書きなどに苦手がある」に代表される発達特性によるものまで，実は非常に幅広い。また，学校内の人間関係も複雑である。いじめを含む友だち関係や，部活動に多い先輩・後輩関係，そして教員との関係もある。文部科学省の「令和2年度不登校児童生徒の実態調査」では，「最初に行きづらいと感じ始めたきっかけ」に対し，教員との関係をあげたものは，小学生では1位，中学生でも3位であった。ここには「教師と合わない」という"教師と子どもの関係性"によるものや，「教師の叱り方が怖い」「体罰があった」という"教師の指導態度"に起因するものまで様々に含まれる。また家庭要因については，これを不登校のきっかけとしてあげた子どもたちは多くないが，保護者による虐待（特にネグレクト）や保護者の精神的な病気，家族間の不和等，不登校の背景要因は多岐にわたる。さらに，個人的な要因としては，身体の不調や生活リズムの乱れは，小・中学生共に非常に多いが，これも身体不調や生活リズムの乱れが不登校の原因であるのか，あるいは，これらは不登校になったゆえの結果であるのか，そのあたりの因果関係は明確ではない[5]。

　そしてもう一つ，社会的な要因として「学校に行くこと」の自明性が失われてきたという現代社会の特徴も影響していると思われる。これを後押ししたのが「確保法」である。本法には，先述したように「不登校というだけで問題行動と見なしてはいけない」と明記されると同時に，「学校復帰だけが全てでは

*1　ギフテッド：生まれつき知能が突出して高いこと。

5）文部科学省「令和2年度不登校児童生徒の実態調査 結果の概要」2021, pp.5-6.

ない」「学校外にも多様な学びの機会を保障しよう」という方針が打ち出されている。これに則り，国は学校以外にもフリースクールや夜間中学等，多様な学びの場を増やす取組を進めている。さらにその一つとして，コロナ禍の影響により一気に広がったのがオンラインによる支援である。学校が一斉休校になり一人一台端末が行き渡り，教育活動のオンライン化が一気に進んだことも，"登校することの絶対性"を揺るがす結果につながった。このような要因が複合的に絡まり，ここ数年で不登校の人数が一気に増えたと考えられる。

4　不登校の子供の意識より[6]

6）伊藤美奈子「不登校の子どもが直面してきた問題とその支援」子育て支援と心理臨床，23，2023，pp.32-36.

　ここで，前項でもふれた2020（令和2）年度に実施された「不登校児童生徒の実態調査」に注目してみたい。文部科学省が毎年実施している「問題行動・不登校等」に関する調査が学校や教職員による回答であるのに対し，この実態調査の大きな特徴は，実際に不登校を経験した児童生徒とその保護者（前年度に不登校であった小学6年生・中学2年生とその保護者）を対象とした点にある。不登校を経験した児童生徒自身の思いや実態に切り込んだという点で画期的な調査であったといえる。

　まず，「最初に行きづらいと感じ始めたきっかけ（選択肢から複数回答）」では，「先生のこと」「身体の不調」「生活リズムの乱れ」「友達のこと」と上位を占める項目が多岐にわたる結果となった（図9-2）。他方「きっかけが何か自分でもわからない」も4人から5人に一人という高い選択率であった点は注目に値する。休んでいた時期から1年前後という，まだ不登校を引きずっている時期では，そのきっかけを言語化することは容易ではないことがわかる。

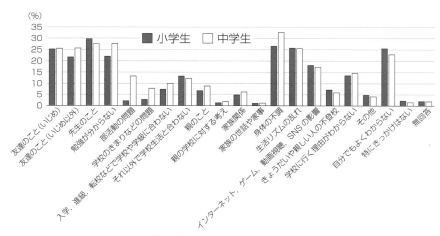

図9-2　最初に行きづらいと感じ始めたきっかけ
出典）文部科学省「令和2年度不登校児童生徒の実態調査 結果の概要」2021，pp.5-6.

4 不登校の子供の意識より

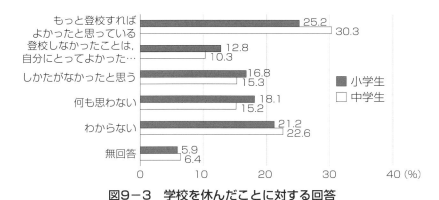

図9-3 学校を休んだことに対する回答
出典）文部科学省「令和2年度不登校児童生徒の実態調査 結果の概要」2021, p.9.

　では次に，不登校経験者は，自分が休んだことをどのように捉えているのであろうか（図9-3）。「もっと登校すればよかった」という回答が最も多くを占めた。不登校になった当時は相当に辛かったであろうし，休んだことが自分を振り返る等の意味はあったと思いつつも，勉強や進路の不利益，友だちが減った等の喪失感を抱える児童生徒も少なくなかったと想像できる。それを示すように「登校しなかったことは自分にとってよかった」と肯定している回答は，1割強と多くはない。しかし「しかたがなかった」という消極的受容の回答を合わせると「もっと登校すればよかった」という回答とほぼ並ぶことより，自らの不登校経験への評価はプラスとマイナスに分かれることが読み取れる。一方「わからない」も小・中学生ともに2割強を占めることを考えると，自らの不登校経験に対し，まだ自分で結論は出せず揺らぎ続けているケースも少なくない。

　こうした背景に対し，不登校経験のある児童生徒たちは，どんな支援があれば学校に戻りやすいと答えているのであろうか。一番多いのが「友達からの声掛け」，それに続くのが「個別で勉強を教えてもらえること」であり，ここでも学習への支援ニーズが高い実態がうかがえた。しかし，選択率が群を抜いて多かったのは「特になし」であった（図9-4）。この半数を超える児童生徒たちの中には，どのような支援が必要なのか"本当にわからない"と感じていた児童生徒もいただろう。しかしその半面で，「学校に戻ることを考えたくない」とか「いくら支援されても行けないし…」という諦めの気持ちを抱えた児童生徒も含まれていたのではないかと推察される。

　さらに，「不登校について相談した相手は誰か」という質問に対しては，身近な家族（保護者）に相談している児童生徒が一番多かった。しかし，それに次いで多かったのが「誰にも相談しなかった」という回答で，3人に一人は誰にも相談できていないことが明らかになった（図9-5）。先の「きっかけがわ

第9章　不登校とは

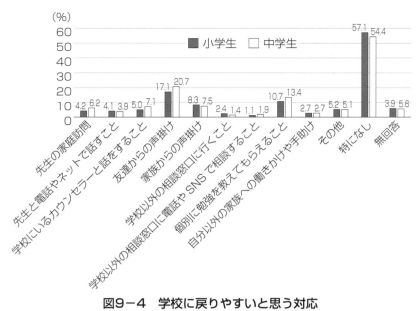

図9-4　学校に戻りやすいと思う対応
出典）文部科学省「令和2年度不登校児童生徒の実態調査 結果の概要」2021，p.16.

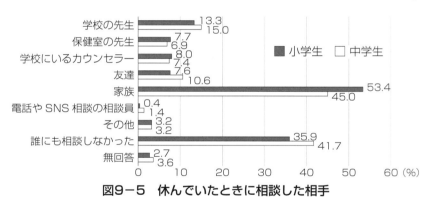

図9-5　休んでいたときに相談した相手
出典）文部科学省「令和2年度不登校児童生徒の実態調査 結果の概要」2021，p.21.

からない」という回答の多さとも合わせると，不登校の児童生徒の多くが，なぜ学校に行けないのか自分でもわからないし，学校に行くための支援の必要性を意識化できていない児童生徒が過半数に達し，実際，誰にも相談していないケースが3人に一人以上いるという実態が明らかになった。

5　今後に求められること[7]

こうした現状に対し，2023（令和5）年に文部科学省より"誰一人取り残されない学びの保障に向けて"とする，いじめ・不登校に対する緊急対策パッケージが提起された。

7) 伊藤美奈子「不登校の子どもたちにとって居場所とは」中学校，No.849, 2024.

5 今後に求められること

　この緊急対策により，COCOLOプランでも提起された「不登校の児童生徒全ての学びの場の確保」として校内教育支援センター（スペシャルサポートルーム）の設置が一気に進められようとしている。これは従来の「別室」をさらに整備し，不登校の児童生徒が落ち着いた空間で学習・生活できる環境を学校内に設置しようという方向である。ただ，学校には来られない児童生徒もいるので，教育支援センターの機能を充実し，不登校の児童生徒がオンラインで自宅から学べるICT[*2]環境を整備し，どこにもつながっていない児童生徒に支援を届けるためのアウトリーチ機能（旧来のメンタルフレンドや訪問相談等）を強化するという方向も出されている。そしてもう一つが「心の小さなSOSの早期発見」のためのAI[*3]やアプリ等による「心の健康観察」ツールの開発も，企業の参入も相まって一気に推進されようとしている。先述したように，SOSを言語化することは容易なことではないため，AIやアプリを使ってそれを「見える化」し，早期にキャッチすることは重要な視点である。しかし，児童生徒が「先生にキャッチしてもらいたい」と，安心してSOSが出せるような関係性をふだんから築くと同時に，出てきたSOSを真摯に受け止める教員側の受信力も磨いておかないと，アプリの機能は形だけのものとなりかねない。このように，不登校の児童生徒を孤立化させない支援は，物理的・心理的両面から求められているといえよう。

（1）学校外の居場所

　不登校は「学校に来られない」児童生徒であることを考えると，その児童生徒がホッとできる居場所が学校外にあることは大切である。一番は，家庭がほっとする場になり，ゆっくり休むことができればいいのであるが，実態はどうだろうか。図9-6によると，中学生では「（休むことで）ほっとした・楽な気持だった」「自由な時間が増えてうれしかった」を肯定した率は6割後半だが，「勉

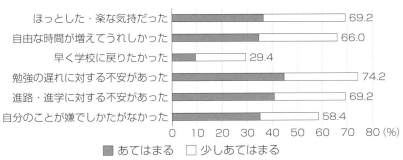

図9-6　学校を休んでいる間の気持ち（中学生）
出典）文部科学省「令和2年度不登校児童生徒の実態調査 結果の概要」2021，p.8.

[*2] ICT：Information and Comunication Technologyの略。情報コミュニケーション技術，情報通信技術と訳される。教育場面においては，電子教材を活用した授業の実践やコンピュータによる情報管理等が考えられる（文部科学省）。

[*3] AI：人工知能（Artificial Intelligence）の略称。人間の思考プロセスと同じような形で動作するプログラム，あるいは人間が知的と感じる情報処理・技術といった広い概念で理解される。近年，様々な新しい技術とコンピュータの性能が大きく向上したことにより，機械であるコンピュータが「学ぶ」ことができるようになった。それが現在のAIの中心技術となっている「機械学習」である。機械学習の進展により，翻訳や自動運転，医用画像診断といった人間の活動に，AIが大きな役割を果たしつつある（文部科学省）。

第9章　不登校とは

8）文部科学省「令和2年度 不登校児童生徒の実態調査 結果の概要」2021, p.8.

強の遅れに対する不安があった」「進路・進学に対する不安があった」は同じか，それ以上に多いことがわかる（図9-6）[8]。つまり，学校を休んで家にいても，気持ちの面では決して十分には安らいでいないことが想像できる。特に，我が子が不登校になると，保護者も不安や心配を抱えピリピリした対応をしてしまうことがある。その結果，親子関係がこじれて，お互いに傷つけ合うような言葉の応酬が展開されることもあるだろう。勉強が遅れ進路が閉ざされるのではないかという不安から焦ってしまう親子も少なくない。

　では家庭以外に，どのような居場所があるのだろう。都道府県及び市区町村が設置している施設としては教育支援センター（適応指導教室）がある。ここでは，児童生徒同士の交流・集団活動の場が設けられている。ゲーム活動や創作活動，スポーツや園芸活動，調理実習，社会見学や季節の行事等，施設外に出掛けることもある。集団に馴染めない児童生徒に対しては，個別に学習に取り組んだり，スタッフと個別面談を行ったり等，様々なサポートが用意されている。このセンターに通室すると，学校に出席した扱いになる（一定の条件が必要であるが）というのも，児童生徒にはメリットとなっている。この教育支援センター以外に，民間が運営している居場所にフリースクールがあり，全国的にも増えつつある。内容も，個別学習や相談・カウンセリング，体験活動，家庭訪問まで，各施設やスタッフの特色を生かし，幅広く活動を展開している施設が増えている。しかし，地域によっては，通える範囲には設置されていない等，数的にも十分とはいえないうえ，通室にお金が掛かる等，家庭が背負う経済的な負担が問題視され，全国複数の自治体でフリースクールの費用を援助する仕組もできてきた。

（2）学校外にある「学校」

　文部科学省は，2005（平成17）年に学校教育法施行規則を改正し，不登校児童生徒を対象に，特別な教育課程編成ができる「不登校特例校」を創設した。不登校の経験がある児童生徒が在籍し，学習指導要領に縛られない教育活動が展開されている。2024（令和6）年現在，全国に35校あり，2023（令和5）年8月からは「学びの多様化学校」という呼称に変更された。この学びの多様化学校は，その名の通り「学校」である。不登校児童生徒が通うことを希望し，入学が許可されれば，原籍校からの"転校"となり，卒業時には学びの多様化学校から卒業証書を受けることになる。

　こうした学びの多様化学校では，不登校の児童生徒のために様々な配慮がされている。特別な教育課程としては，不登校児童生徒の実態に即し，個々の学習状況にあわせた少人数指導や習熟度別指導，個々の実態に即した支援（家庭

訪問や保護者への支援等），学校外の学習プログラムの積極的な活用等，指導上の工夫が展開されている。具体的には，例えば1クラス当たりの児童生徒数は，数人から30人未満と，通常の学校に比べると少人数で構成されている。他方，学校であるため，教科指導の教員数は少ないわけではない。しかも，心理相談員やサポートスタッフ等が在籍している学校もあり，手厚い配慮やサポートを受けられるというメリットもある。授業時間については，通常の学校に比べ柔軟に組むことが許されており，教科指導よりも，不登校児童生徒に必要な学校独自の授業を重視する学校も少なくない。例えば，総合的な学習の時間や創造活動，ソーシャルスキルトレーニングを組み込んだ授業や自分の将来を考えるキャリア教育，パソコン教育や社会見学等，不登校児童生徒にとって，これから社会で生きていく力を付けるためのプログラムが用意されている。その半面で，まだまだ数は少ないため，どの地域にもあるわけではなく，希望者が殺到して入学希望者の全員が入れるわけではないという課題もある。今後も，（分教室も含めた）学校数を増やすだけでなく，学びの機会の多様化のために更にいろいろな取組が工夫されることも喫緊の課題であるといえる。

　これ以外にも，「確保法」以降注目されている学校に夜間中学がある。夜間中学は，様々な理由により義務教育を修了できなかった人や，形式的に中学は卒業したものの不登校等のために実質的に学ぶことができなかった人，また義務教育を修了していない外国籍の人等が学んでいる。こうした夜間中学で不登校の児童生徒が世代を超えた学びの居場所をもつことは，非常に大きな意味があるといえよう。

　以上，不登校の児童生徒にとって，学校内に安心して過ごせる居場所があること，そして学校外にも多様な居場所が必要であることがわかる。狭義の「勉強＝学習」ではなく，人間として社会で生きていくための広い意味での「学び」の機会をもてることが，児童生徒のその後の社会的自立を支える力となっていくことであろう。

●演習課題
課題1：不登校が急増した背景について，まとめてみよう。
課題2：不登校の児童生徒が抱える気持ちについてデータから考えてみよう。
課題3：不登校の学びの場にどのようなものがあるか，調べてみよう。

●参考文献
伊藤美奈子編著『不登校の理解と支援のためのハンドブック―多様な学びの場を保障するために―』ミネルヴァ書房，2022.

コラム　不登校の保護者支援

　我が子が学校に行かないと，子供本人も苦しいが，その子供と向き合う保護者の気持ちも様々に揺れ動く。「このまま学校に行かずに，ひきこもりになってしまうのではないか…」「不登校の原因は，自分の子育ての仕方に問題があったのではないか…」等々，不安や怒り，そして心配等，保護者も負の感情を抱えることが多い。いつもは，そのような気持ちをこらえて子供と対応している保護者も，そのネガティブな感情が限界を超えると，一気に噴き出し，「他の子供は元気に登校しているのに，どうしてこの子は行けないのか！」と，目の前のわが子にぶつけてしまうこともある。怒りや不満をぶつけられた子供は凹み傷つくであろう。そして，そんな子供の姿を見て「言わなきゃよかった」と自分を責め，後悔する保護者も少なくない。不登校の子供を前にしたときのネガティブな感情は，ある意味，その保護者が子供のためによかれと思って頑張っているがゆえの，怒りであり不安である。しかし，頑張りすぎると，どこかで限界を超え，こころが破裂してしまう。そのようなときは，一人で抱え込まずに，カウンセリングを受けたり，親の会に参加したり，自分の趣味や楽しみの時間を大切にしたり等，上手に周りにSOSを発信し，ときにはガス抜きをする勇気が必要になる。

　スクールカウンセラーをしていても，不登校の子供は学校に出て来られないケースは多いが，その子供をどう理解したらいいか，どう対応したらいいのかと悩んで，保護者がスクールカウンセラーに相談に通うパターンは少なくない。子供はなかなか動き出せなくても，まずは保護者が支援につながり，安心して自分の気持ちを吐露できる場と相手が必要である。そういう安心して吐き出す場をもつことで，保護者自身，力んでいた肩の力がスッと抜けたり，子供に対する視点が変わったり，ちょっと笑顔が戻ったり，保護者の気持ちや態度が変わることがある。このように，大変なときに頑張りすぎず自分を責めずに，自分を慈しみ自分に優しくできることを“セルフ・コンパッション”という。「子供が不登校で悩んで苦しんでいるのに，親が笑っていてはいけない」と楽しみを断ってしまう保護者や，やりがいのある仕事を辞めてしまう保護者もいるが，これはかえって逆効果になることもある。そのような保護者の姿を見ていると，子供は自分が不登校をしているせいで保護者に迷惑を掛けている…と，「親に申し訳ない」と罪悪感を抱えてしまう。保護者自身が，肩の力を抜いて笑顔を取り戻すことができれば，その優しさが子供に伝わるのであり，それにより子供にも笑顔と安心が戻れば，それが保護者にもいい形で返ってくる。このように，悩む保護者が孤立化せず，親子の間でいい循環が生じるような保護者支援（保護者のカウンセリングや，不登校の親の会等）の輪が広がることが求められる。

第10章 個別課題への指導と今日的課題

生徒指導の課題は多義にわたり全てを取り上げるのは難しい。本章では、多様な生徒指導課題のうち、特に重要な少年非行や携帯電話・インターネット関連問題、性犯罪・性暴力、児童虐待、自殺予防について取り上げ、それぞれの基本的な内容と具体的な対応の在り方について示す。この章で取り上げた内容を理解したうえで、教員としてそれぞれの課題にどう取り組めばよいかを考えてみる。

1 少年非行対応の基本的視座と実際

　非行に対する指導は校内の指導に留まらない。当該の児童生徒やその保護者の私生活は関係機関の介入対象となり、学校は関係機関との連携を図ることが重要である。そのためには、非行の定義や手続きを正確に理解すると共に児童相談所[*1]、児童福祉施設（児童自立支援施設、児童養護施設）、警察や家庭裁判所、少年鑑別所[*2]、少年院[*3]等、関係機関の役割、権限を理解しながら効果的な連携を図った取組を行うことが求められる。学校が児童生徒を指導するに当たっては、十分な生徒理解を図ったうえで保護者との協働的関係を前提に生徒指導を行う。

（1）非行少年とその分類

　「少年法」（昭和23年法律第168号）では、第1条で、少年[*4]の健全な育成を期し、非行少年に対して矯正と環境に関する保護処分を行うとともに、少年の刑事事件について特別な措置を講ずることを目的とし、第2条で「少年」を「二十歳に満たない者」と規定している。第3条では、非行のある少年を次頁の3つに分け、それぞれ異なる取り扱いを定めている。

*1 児童相談所：子供に関する家庭その他からの相談に応じ、子供が有する問題または子供の真のニーズ、子供の置かれた環境の状況等を的確に捉え、個々の子供や家庭に最も効果的な援助を行う行政機関である。
参考）厚生労働省「児童相談所運営指針」2024.

*2 少年鑑別所：法務大臣が所管する少年収容施設。少年鑑別所法（平成26年法律第59号）を根拠としている。各都道府県の県庁所在地等に設置されている法務省所管の施設。主に家庭裁判所の観護措置決定により送

97

第10章　個別課題への指導と今日的課題

（＊2　続き）
致された少年を収容する。
参考）法務省Webサイト「施設等機関」．

＊3　**少年院**：少年審判において矯正教育の必要があると判断され，少年院送致の処分を受けた少年が収容される施設。少年院には，第1種から第4種までの種類があり，少年の年齢，心身の状態，非行傾向等に応じて適切な種類の少年院へと収容される。
参考）法務省Webサイト「施設等機関」．

＊4　**少年**：20歳未満の者は，男女を問わず「少年」と呼ばれる。少年が犯罪に当たる行為をした場合は「少年事件」として扱われることになり，20歳以上の者が罪を犯したときとは別の手続きが取られる。なお，18・19歳の少年は，選挙権年齢や成年年齢の引き下げにより，重要な権利を行使できるようになったことを背景に「特定少年」とされ，17歳以下の少年とは異なる特例が定められている。
参考）文部科学省「生徒指導提要（改訂版）」2022，p.153．

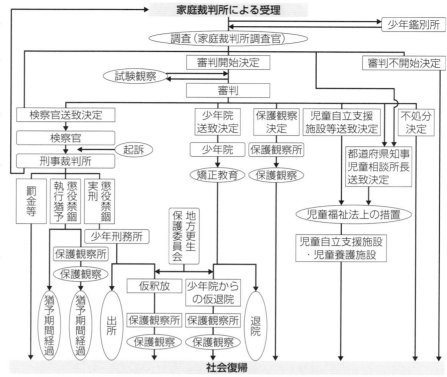

図10-1　家庭裁判所における調査・措置から社会復帰までの流れ[*5]
出典）名古屋市教育委員会「生徒指導の手引き」2012，p.41より作成．

① 14歳以上で犯罪を行った少年（犯罪少年）
② 14歳未満で刑罰法令に触れる行為をした少年（触法少年）
③ 保護者の正当な監督に服しない等の事由が認められ，今後犯罪少年や触法少年になる虞（おそれ）のある18歳未満の少年（虞犯少年）

少年事件については少年法及び児童福祉法に基づく保護が加えられており最初から刑事事件手続きが付されることはない。検察官の送致または児童相談所長からの送致等により家庭裁判所の審判に付され，保護処分[*5]等の措置が取られることが原則となっている（図10-1）。

（2）少年非行への学校対応の基本

学校における非行への対応は，児童生徒本人に対する直接的指導と保護者への助言が中心で児童生徒を処罰することではない。児童生徒の言い分にしっかり耳を傾け，非行の背景にある問題を把握したうえで児童生徒が納得するように諭（さと）しながら以下のような手順で指導することが大切である。

① **正確な事実の特定**：「いつ」「どこで」「誰が」「何を」「なぜ」「どのように」行ったかを確認するだけでなく，事実を認めているのかを確認する。

教職員が無理に認めさせたり誘導したりすることは行わない。
② 児童生徒からの聞き取り：客観的事実の把握が目的であり児童生徒自身の言葉で語らせることが重要である。また，複数の児童生徒の場合，個々に聴取することが重要である。
③ 本人や関係者の言い分の聞き取りと時系列を追った記録の作成：聞き取った内容を時系列で記録することが重要である。複数の児童生徒から聞き取った場合も，聞き取った内容を比べ，事実を判断することが重要である。
④ 非行背景を考えた指導：非行を繰り返す場合には，非行の背景を検討することが重要である。児童生徒の発達の課題も考慮し，スクールカウンセラー（SC）やスクールソーシャルワーカー（SSW）等と協働してアセスメント*6を行い，外部機関との連携も図りながら指導することが必要である。
⑤ 被害者を念頭に置いた指導：被害者の思いや願いを見落とすことないよう注意して指導する必要がある。なお，被害者が児童生徒の場合，いじめも考慮して対応することが不可欠である[1]。

（3）サポートチームとの協働的対応

少年非行を悪化させないため，早期の対応が極めて重要である。学校は，教職員の人材だけで対応できるか，それとも警察，児童相談所をはじめとした関係機関等の協力が必要なのかを迅速に判断することが必要になる。学校での対応が困難な場合や複数の関係機関等の協力を得ることが必要な場合，関係機関等が情報を共有し，共通理解の下，各機関等の権限や役割に基づいてアプローチを行う「サポートチーム*7」を形成し，対応することが効果的である。

サポートチームによる対応が有効な例として以下のことが考えられる。
① 家庭内の問題が背景にある場合
　　具体的事例・学校で暴力行為等を行うが保護者が非協力的である。
　　　　　　・保護者が留守がちで，自宅が児童生徒のたまり場となっている。
　　関係機関等：教育委員会，児童相談所*8，福祉事務所，保健所，民生・児童委員，警察署，少年サポートセンター，保護司等
② 警察による対応が効果的な場合
　　具体的事例・何度も補導される等，非行が深刻化している。
　　　　　　・児童生徒の問題行動が複数学区に及び，広域化している。
　　　　　　・児童生徒が暴走族，チーマー等の非行集団に属している。
　　関係機関等：教育委員会，警察署，少年サポートセンター，民生・児童

*5 **保護処分**：保護観察，児童自立支援施設送致，児童養護施設送致，少年院送致。

*6 法務省は，非行少年に対して「法務省式ケースアセスメントツール（MJCA）」を開発して非行少年のアセスメントを実施している。静的領域と教育で変化する動的領域の2つから構成している。

1）文部科学省『生徒指導提要（改訂版）』2022，pp.160-163を参考に作成．

*7 現在はこれからの学校教育を担う教職員やチームとしての学校の在り方として「チームとしての学校」が中央教育審議会答申（2015）で示されている。

*8 児童相談所は非行少年のうち14歳未満を対象にしているので刑法の対象とならず，基本的には福祉的対応を行っている。
非行相談には，不良行為相談，ぐ犯相談，触法相談がある。

第10章　個別課題への指導と今日的課題

*9　家庭裁判所に送致された犯罪少年，触法少年は審理不開始，不処分，保護処分，知事または児童相談所長送致，検察官送致のいずれかの判断がされる。保護処分の場合，少年院送致，児童自立支援施設等送致，保護観察処分のいずれかに処分される。
参考）文部科学省「生徒指導提要（改訂版）」2022，p.167.

*10　少年サポートセンター：警察は，少年補導職員や少年相談専門職員を中核とする少年問題に関する専門組織である「少年サポートセンター」を全都道府県警察に設置している。
参考）警察庁Webサイト「少年サポートセンターの取組み」

*11　少年警察ボランティア：代表的な名称は，「少年補導員」「少年指導委員」「少年警察協助員」である。それ以外の名称で呼ばれる場合もある。また，少年と年齢が近い大学生等にボランティアを委嘱するようなケースも増えている。管轄は警察である。
参考）警察庁Webサイト「少年警察ボランティア」

委員，少年警察ボランティア，保護司等

③　地域における支援が必要となった場合
　　具体的事例・児童生徒が少年院・児童自立支援施設等を退所したり保護観察処分に付されたり，審判不開始・不処分であった場合で[9]，支援が必要だと思われる状況が生じている。
　　関係機関等：教育委員会，保護司，民生・児童委員，警察署，少年サポートセンター[10]，少年警察ボランティア[11]等

④　出席停止の措置を講じた，または講じる可能性がある場合
　　具体的事例・校内における授業妨害，暴力行為が深刻化している。
　　関係機関等：教育委員会，少年警察ボランティア，警察署，少年サポートセンター，保護司等

2　携帯電話やインターネット関連法規と基本方針

　携帯電話やインターネットの普及により，ネットいじめや個人情報の漏洩，ネット依存等，多くの問題が教員の見えないところで起きている。児童生徒への指導や啓発を行う際には，こうした特質を十分に把握しながら進めることが重要である。特にインターネットでの問題は，一度トラブルが生じると完全に解決することが極めて難しい。未然防止を含めた体制づくりを整えておくことが必要である。具体的対応策として，以下のような取組が考えられる。

（1）教育と啓発

　児童生徒に対して携帯電話やインターネットの正しい使い方やリスクについて教育することが必要である。そのためには情報モラル教育を通じて，ネット上でのマナーや個人情報の取り扱いについて学ばせることが重要である[12]。

（2）インターネットによる事故・事件回避のための学習

　青少年が安全にインターネットを利用でき，青少年の権利の擁護を目的に，2008（平成20）年にインターネット環境整備法が[13]成立し，青少年が有害情報の閲覧を防止するための措置として保護者，携帯電話インターネット接続事業者は児童生徒が有害なサイトへのアクセスを制限するフィルタリングの利用を義務付けられた。これ以外に，インターネットによる出会い系サイトでの被害の増加に伴った，インターネット異性紹介事業を利用して児童を誘引する行為の規制等に関する法律（出会い系サイト規制法）や児童買春，児童ポルノに係る

行為等の規制及び処罰並びに児童の保護等に関する法律（児童買春・児童ポルノ禁止法）等，児童生徒を守るための法的整備が進められている。しかし，自ら危険に飛び込む児童生徒がいる限り，こうした法律は役立たない。なぜ，法律が整備されたかを学び，事件・事故から自ら回避できる資質・能力を育てることが重要である。

（3）具体的な対応策

児童生徒がネットいじめやその他の問題に直面した際に気軽に相談できる環境を整えることが重要である。学校内に相談窓口を設置し，専門のカウンセラーや教員が対応する体制を整える必要がある[*14]。

また保護者にインターネットや携帯電話のリスクについて理解を深めてもらい，家庭でのルール作りを支援することが重要である。保護者向けのセミナーや情報提供を通じて，児童生徒をサポートする体制を築くことが求められる。

さらに問題が発生した際には，迅速に対応することが重要である。アンケートやヒアリングを通じて問題の状況を把握し，深刻化する前に対処する。

3 性犯罪・性暴力対策の基本方針

性犯罪・性暴力の定義とその影響を理解することは，教育現場での適切な対応に不可欠である。性犯罪とは，性的な行為を強制する犯罪行為を指し，性暴力はその一環として暴力や脅迫を伴う性的な行為を含む。これらの行為は被害者の身体的，精神的な健康に深刻な影響を与える。具体的には，トラウマ，PTSD（心的外傷後ストレス障害），不安，抑うつ，自己評価の低下等があげられる。影響は長期にわたり，被害者の生活全般に悪影響を及ぼすことがある。

こうしたことを踏まえ，以下のような取組が考えられる。

（1）「生命（いのち）の安全教育」による未然防止教育の展開

生命（いのち）の安全教育[*15]を中心とした未然防止教育は，児童生徒が自分自身を守る知識とスキルを身に付けるために重要である。未然防止教育を通じて，児童生徒は危険な状況を認識し，適切に対処方法を学ぶことができる。

具体的には，以下の観点で行う。

① 生命（いのち）の尊さと素晴らしさ。
② 自分を尊重し大事にすること（被害者にならない）。
③ 相手を尊重し大事にすること（加害者にならない）。

*12 文部科学省では，情報モラル教育推進事業を行っている。その一例として，「情報化社会の新たな問題を考えるための教材〜安全なインターネットの使い方を考える〜指導の手引き」が公開されている。

*13 正式名称は「青少年が安全に安心してインターネットを利用できる環境の整備等に関する法律（平成20年法律第79号）」という。

*14 文部科学省は，「ネット上のいじめ」に関する対応マニュアル・事例集（学校・教員向け）」を2008（平成20）年に提示している。

*15 文部科学省は，生命の尊さを学び，性暴力の根底にある誤った認識や行動，また性暴力が及ぼす影響などを正しく理解したうえで生命を大切にする考えや，自分や相手，一人一人を尊重する態度等を発達段階に応じて身に付けることを目指す「生命（いのち）の安全教育」を進めている。

第10章　個別課題への指導と今日的課題

④　一人一人が大事な存在であること（傍観者にならない）。

危険な状況を避ける方法や，助けを求める方法を教えることが含まれる。また，適切な行動を教えるものであり，いじめの防止に役立つ。

（2）早期発見と対応

性犯罪・性暴力の早期発見には，被害者が示すサインや兆候を見逃さないことが重要である。これには，突然の行動変化，不安や恐怖の表情，身体的な傷等が含まれる。事案発生時には，迅速かつ適切な対応が求められる。具体的には，被害者の安全を確保し，必要な支援を提供することが重要である。また，学校内外に相談窓口を設置し，児童生徒が安心して相談できる環境を整えることが必要である。相談窓口の利用方法や，信頼できる支援機関の情報を提供することが求められる。

（3）相談体制と支援

学校内にはカウンセラーや信頼できる教職員が相談窓口として機能することが重要である。また，外部の支援機関（例：児童相談所，警察，NPO）の情報も提供することも必要である。被害者支援には，心理的なサポート（カウンセリング）や法的な支援が含まれ，これにより被害者が安心して生活を続けられるよう支援することが求められる。

（4）保護者との連携

保護者との連携は，児童生徒の安全を確保するために不可欠である。性犯罪・性暴力のリスクや予防策について情報提供を行うため保護者向けに啓発活動やセミナーを実施し，家庭での性教育をサポートすることが求められる。

4　児童虐待の関連法規と課題予防的生徒指導

児童虐待の発見が遅れ，深刻な事態に至った例は毎年報告される。学校は，児童虐待を受けている児童生徒にとって一番身近な存在であり，救い出してもらう窓口である。こうした自覚のもと，以下のような取組が必要である。

（1）児童虐待とは

児童虐待の防止と早期発見，適切な対応を目的とした「児童虐待の防止等に関する法律」（児童虐待防止法）は2000（平成12）年に制定され[16]，児童虐待を

＊16　児童虐待防止法は2004（平成16）年に一部改正され，保護者以外の同居人による虐待行為もあることから児童虐待の定義が以下のように見直された。
①　保護者以外の同居人による児童虐待と同様の行為を保護者によるネグレクトの一類型として児童虐待に含まれるものとすること。
②　児童の目の前でドメスティック・バイオレンス（DV）が行われること等，児童への被害が間接的なものについても児童虐待に含まれるものとすること。

＊17　具体的には，殴る，蹴る，叩く，投げ落とす，激しく揺さぶる，やけどを負わせる，溺れさせる，首を絞める，縄等により一室に拘束する等。

＊18　児童に対する性的行為や性的行為を見せること，性器を触るまたは触らせること，ポルノグラフィの被写体にすること等。

102

以下の4種類に分類している。
① 身体的虐待：児童の身体に外傷が生じ，または生じるおそれのある暴行を加えること[17]。
② 性的虐待：児童にわいせつな行為をすること，または児童をしてわいせつな行為をさせること[18]。
③ ネグレクト（養育放棄）：児童の心身の正常な発達を妨げるような著しい減食や長時間の放置，保護者以外の同居人による前述の行為，その他の保護者としての監護を著しく怠ること[19]。
④ 心理的虐待：児童に対する著しい暴言や著しく拒絶的な対応，児童が同居する家庭における配偶者に対する暴力（DV）等，児童に著しい心理的外傷を与える言動を行うこと[20]。

また，児童虐待の通告義務[21]，児童相談所の役割等を規定している。

（2）児童虐待の関連法規

児童虐待防止法のほか，児童虐待防止のための主な関連法規には以下のものがある。
① 児童福祉法〔1947（昭和22）年〕：児童の健全な育成を図るための基本法で，児童虐待の防止や早期発見，適切な対応を目的としている。
② 配偶者からの暴力の防止及び被害者の保護等に関する法律〔2001（平成13）年〕：家庭内暴力（DV）からの保護を目的としている。この法律は，児童が家庭内で暴力を目撃することも虐待とみなし，保護の対象としている。配偶者暴力相談支援センターや警察との連携が強化されている。
③ 学校教育法〔1947（昭和22）年〕：学校における児童生徒の安全と福祉を確保するための規定を含んでいる。学校は，児童虐待の兆候を早期に発見し，適切な対応を行う責任がある。教職員には，児童虐待の兆候を見逃さないための研修が義務付けられている。

（3）児童虐待を未然防止，早期発見するための課題予防的生徒指導

課題予防的生徒指導として，以下の取組が考えられる。

1）定期的な観察と記録

児童生徒の日常の行動や態度を定期的に観察し，異常な変化や兆候を見逃さないようにすることが必要である。例えば，急に元気がなくなったり，服装が乱れていたりする場合は注意が必要である。これらの観察結果を記録し，教職員間で共有することで，早期発見につなげる[22]。

*19 具体的には，家に閉じ込める，食事を与えない，ひどく不潔にする，自動車の中に放置する，重い病気になっても病院に連れて行かない等。

*20 言葉による脅し，無視，兄弟姉妹間での差別的扱い，児童の目の前で家族に対して暴力をふるうこと等が含まれる。

*21 児童虐待防止法では，児童福祉法第25条に基づき，児童虐待の疑いがある場合，通告義務が定められている。この義務は，子どもに対する虐待を発見した場合，速やかに通告（通報）を行うことを求められるもので，通告を怠った場合には責任が問われる可能性がある。

*22 文部科学省では，学校・教育委員会等向け虐待の手引きにおいて，児童生徒の虐待被害を早期発見するため，虐待リスクのチェックリストを用意している。学校はこうしたリストを積極的に活用し，気になる児童生徒についてはリストを使って日頃から観察，記録しておくことが望ましい。

第10章　個別課題への指導と今日的課題

*23 こども家庭庁や文部科学省は様々な取り組みを紹介している。
こども家庭庁
・189（いちはやく）：児童虐待の疑いがある場合，すぐに電話で通報できるシステムである。匿名での通報も可能で，通報者の秘密は守られる。
・親子のための相談LINE：子育てや親子関係について悩んだときに，子どもや保護者が匿名で相談できる窓口。
文部科学省
・「児童虐待への対応のポイント～見守り・気づき・つなぐために～」
　地域における児童虐待の未然防止，早期発見・早期対応を目的とした手引書である。家庭教育支援や地域学校協働活動の関係者向けに作成されている。

*24　児童虐待防止と学校：文部科学省は学校関係者向けの研修教材として虐待の基礎的理解や子どもの心理について学ぶことができる教材を用意している。

2）厚生労働省・警察庁「令和5年中における自殺の状況」2024, 図表1-2（p.6），図表1-11（p.14）．

2）信頼関係の構築
　児童生徒が安心して相談できる環境を整えることが重要である。教職員は日常的に児童生徒とコミュニケーションを取り，信頼関係を築くことが求められる。信頼関係の構築により児童生徒が問題を抱えた際に相談しやすくする。

3）教育プログラムの導入
　児童虐待の予防や早期発見に関する教育プログラム*23を導入することが有効である。例えば，自己防衛の方法や信頼できる大人に相談する方法等を教えることが重要である。

4）保護者や地域との連携
　保護者との連携を強化し，家庭での状況を把握することが必要である。定期的な保護者会や家庭訪問を通じて，保護者とのコミュニケーションを図り，児童生徒の家庭環境についての情報を収集する。また，保護者に対しても児童虐待の予防や早期発見の重要性を啓発することが求められる。また地域全体で児童生徒を守るため，警察や医療機関，NPO（非営利組織）等と児童虐待の予防や早期発見に関する包括的な支援体制を構築することが必要である。

5）教職員の研修と相談体制の整備
　教職員が児童虐待の兆候を見逃さないため，児童虐待の兆候の見極め方や適切な対応方法といった研修を定期的に実施することが重要である*24。
　さらに児童生徒が安心して相談できる窓口を設置し，信頼できる相談体制を整える。専門のカウンセラーを配置し，匿名での相談も受け付けることで，より多くの児童生徒が相談しやすくなる。

5　自殺予防に関する重層的生徒指導

　日本全体の自殺者数はここ数年横ばいにある中で，児童生徒の自殺者数は増加傾向を示しており[2]，学校現場では深刻な課題となっている。こうした状況の中，児童生徒の自殺を防止するために自殺予防に関する重層的生徒指導は極めて重要で，児童生徒の命を守るために多角的なアプローチを行うことが必要である。以下は，そのための具体的な取組である。これらの取組を通じて，児童生徒が安全で安心して学べる環境を整えることは，児童生徒の命を守るために不可欠な要素である。

（1）早期発見と対応

　定期的にアンケートを実施し，児童生徒の悩みやストレスの状況を把握す

る。また，ICTツールを活用してオンライン上のアンケート作成フォーム[*25]を活用したり，心理検査[*26]を活用したりして学級内で孤立し，不満をもつ児童生徒を早期に発見し，指導に当たる等，早期対応を行う。

（2）信頼関係の構築と相談窓口の設置

教職員が児童生徒と日常的にコミュニケーションを取り，信頼関係を築く。これにより児童生徒が悩みを相談しやすい環境を整える。児童生徒が安心して相談できる窓口を設置し，専門のカウンセラーを配置する。匿名での相談も受け付けることでより多くの児童生徒が相談しやすくする。

（3）教育プログラムの導入

児童生徒に対して，自殺予防に関する教育プログラムを導入する。SOSの出し方や受け止め方について学ぶことで，児童生徒自身が自殺予防に関与できるようにする[*27]。また心の健康についての教育を行い，ストレス管理やリラクゼーションの方法を教える。これにより，児童生徒が自分の心の健康を守るスキルを身に付けることができる。

（4）保護者や地域との連携

保護者とのコミュニケーションを強化し，家庭での状況を把握する。保護者会や家庭訪問を通じて，保護者に対しても自殺予防の重要性を啓発する。保護者と学校が情報を共有し，児童生徒の状況を把握する。家庭と学校が一体となって児童生徒を支援する体制を整える[*28]。

（5）教職員の研修

教職員が自殺予防に関する知識を深めるための研修を定期的に実施する。研修内容には，児童生徒の心の変化を見逃さないための方法や，適切な対応方法が含まれる。また教職員自身のメンタルヘルスケア研修を行い，教職員が健康な状態で児童生徒を支援できるようにする。

● 演習課題
課題1：一部の児童生徒の悪口が多数書き込まれている学級裏サイトを発見した。どう対応すべきか，話し合ってみよう。
課題2：明らかな身体的虐待を示す傷のある児童生徒を発見した。虐待の被害を認めない児童生徒にどう対応をすべきか，話し合ってみよう。

---

*25 タブレット端末等を積極的に活用し，Googleのグーグル・フォームあるいは，ロイロノート等を利用して児童生徒一人一人の心身の状況把握や教育相談に役立てることが考えられる。

*26 学級内の人間関係，孤立状態を把握する調査としてHyper-QUという検査がある。

*27 自殺予防に関する教育プログラムにはいくつかの有効な例がある。

*28 長期休業期間中の家庭における児童生徒の見守りを行うよう促すこと。保護者が把握した児童生徒の悩みや変化については，積極的に学校に相談するよう，学校の相談窓口を周知しておくこと。
参考）文部科学省「児童生徒の自殺予防に係る取組について（通知）」2024.

第10章　個別課題への指導と今日的課題

課題3：児童生徒が友だちとのラインのやり取りで「消えたい」と書いていたことを知った。教員としてどう対応をすべきか，話し合ってみよう。

コラム　　子供の貧困問題と地域の取組

　子供の貧困問題は，深刻な課題となっています。相対的貧困率が44.5%に達しているひとり親家庭では，教材の購入や部活動の費用を捻出することが難しく，学習や体験の機会を失うことが少なくありません[1]。このような家庭の子供たちは，塾に通うことができず，学力の向上に必要なサポートを受けられない状況にあります。

　また，大学を中退せざるを得なかった学生の事例もあります。内閣府の全国実態調査によると，ひとり親家庭の3割が食料を買えない経験があると回答しています[2]。このような経済的困難は，大学進学後も続き，学費や生活費を賄うためにアルバイトを掛け持ちする学生が多くいます。その結果，学業に専念できず，最終的に中退を余儀なくされるケースも少なくありません。

　子供の貧困問題は，単に経済的な困難だけでなく，教育や健康，社会的な孤立等，多岐にわたる影響を及ぼします。例えば，学校給食がない夏休みには，栄養のある食事を満足にとれない子供たちが増えることが報告されています[3]。また，貧困の世代間連鎖が続くことで，子供たちが将来にわたって自立した生活を送ることが難しくなるリスクも高まります。

　このような状況を改善するためには，政府や自治体，地域社会が一体となって支援を行うことが不可欠です。例えば，「こども食堂」のような地域の善意による支援活動を拡充し，困窮家庭の子供たちに対する学習支援や生活支援を強化することが求められます。また，非正規雇用から正規雇用への転換や，継続的な賃上げを後押しする政策も重要です。

　さらに，子供たちが安心して学び，成長できる環境を整えるためには，教育資金の支援や公営住宅の提供等，具体的な施策が必要です。特に，低所得者向けの奨学金制度の拡充や，学用品の購入に使える就学援助制度の充実が求められます。

　子供の貧困問題は，社会全体で取り組むべき重要な課題です。全ての子供が平等に教育を受け，健康に育ち，将来に希望をもてる社会を実現するために，私たち一人一人ができることを考え，行動していくことが求められます。

[1]　厚生労働省「2022（令和4）年国民生活基礎調査」2022，図13（p.14）.
[2]　内閣府「令和3年子供の生活状況調査の分析 報告書」2021，p.26.
[3]　ひとり親家庭サポート団体全国協議会「2024夏ひとり親家庭就労生活調査」2024.

第11章 進路指導とキャリア教育

近年，キャリア教育の重要性が高まっている。この背景には，変化の激しい社会といわれる現代社会において，人工知能（AI）等の情報技術の普及とさらなる革新，人々の価値観の変容等，急速な社会変化に対応できる人材の育成が急務なことがある。本章では，こうした社会において必要な進路指導，キャリア教育とは何か，その意義と展開過程を概観したうえで，キャリア教育が果たすべき役割と今後の課題について理解する。

1 進路指導・キャリア教育の意義

（1）キャリア教育の定義

キャリア教育の定義について文部科学省は「一人一人の社会的・職業的自立に向け，必要な基盤となる能力や態度を育てることを通して，キャリア発達を促す教育」と定めている[1]。

「キャリア教育」については，文部科学省の1999（平成11）年答申「初等中等教育と高等教育との接続の改善について」における「学校教育と職業生活の接続の改善のための具体的方策」の中で，「学校と社会及び学校間の円滑な接続を図るためのキャリア教育（望ましい職業観・勤労観及び職業に関する知識や技能を身に付けさせるとともに，自己の個性を理解し，主体的に進路を選択する能力・態度を育てる教育）」と記されている[2]。また本答申において，はじめて「キャリア教育」という文言が登場して以降，学校教育においては進路指導に加えて，児童生徒のキャリア発達を促す取組がなされ，「キャリア」について次のように示された[3]。

人は，他者や社会とのかかわりの中で，職業人，家庭人，地域社会の一

1) 中央教育審議会「今後の学校におけるキャリア教育・職業教育の在り方について」2011，p.16.

2) 中央教育審議会「初等中等教育と高等教育との接続の改善について（答申）」（第6章第1節）1999.

3) 1) と同じ，p.17.

107

員等，様々な役割を担いながら生きている。これらの役割は，生涯という時間的な流れの中で変化しつつ積み重なり，つながっていくものである。また，このような役割の中には，所属する集団や組織から与えられたものや日常生活の中で特に意識せず習慣的に行っているものもあるが，人はこれらを含めた様々な役割の関係や価値を自ら判断し，取捨選択や創造を重ねながら取り組んでいる。

人は，このような自分の役割を果たして活動すること，つまり「働くこと」を通して，人や社会にかかわることになり，そのかかわり方の違いが「自分らしい生き方」となっていくものである。

このように，人が，生涯の中で様々な役割を果たす過程で，自らの役割の価値や自分と役割との関係を見いだしていく連なりや積み重ねが，「キャリア」の意味するところである。

また，本答申は，キャリア教育を初等中等教育から高等教育の各教育課程に位置付けて計画的に行うことや，各学校段階間の連携を重視している。そのうえで，望ましい職業観，勤労観の形成をするために，例えば，初等教育段階では社会性，自主性，意欲等を養うことを目的とし，中等教育段階では，社会における自身の役割や将来の働き方等について考える力を身に付け，主体的に進路を選択する能力・態度を養うことで，学校から社会へのスムーズな移行を目指すこととなったのである。

（2）キャリア教育が求められる背景と意義

日本経済は，1990年代初頭のバブル経済の破たんをきっかけして，1990年代後半以降，長い経済不況に突入した。そして，この経済不況は，これまで日本の経済発展を支えた「終身雇用」「年功序列」といった伝統的な日本型雇用慣行を大きく変化させた。また，2000年代に入ると，労働政策における規制緩和が強まり，非正規雇用の労働者を大量に生み出すこととなったのである。こうした状況の中，2000（平成12）年以降，キャリア教育に対する社会的期待が高まることとなった。

キャリア教育が提唱された背景について文部科学省は「20世紀後半におきた地球規模の情報技術革新に起因する社会経済・産業的環境の国際化，グローバリゼーション[4]」といった社会環境の変化（図11-1）と，「このような社会環境の変化が，子どもたちの成育環境を変化させたと同時に子どもたちの将来にも多大な影響を与えたことを認識することが重要である[4]」と指摘している。そして，こうした変化の中で，「子どもたちが希望をもって，自立的に自分の

4）文部科学省「中学校キャリア教育の手引き」2011, p.9.

1　進路指導・キャリア教育の意義

未来を切り拓いて生きていくためには，変化を恐れず，変化に対応していく力と態度を育てることが不可欠である[4]」と述べている。

　図11-1において注目すべきことは，学校教育に求められている姿に「生きる力」の形成が強調されていることである。文部科学省は学習指導要領の中で，子どもたちの生きる力をよりいっそう育むことを目指すとしており，その背景には「変化の激しいこれからの社会を生きるため」といった考えがあり，「生きる力」に関しては，「確かな学力，豊かな心，健やかな体の知・徳・体をバランスよく育てることが大切」であるとしている。

　この「生きる力」についての具体的な内容については次のとおりである[5]。
・「確かな学力」は，基礎的な知識・技能を習得し，それらを活用して，自ら考え，判断し，表現することにより，様々な問題に積極的に対応し，解決する力。
・「豊かな人間性」は，自らを律しつつ，他人とともに協調し，他人を思い

5）文部科学省「学校・家庭・地域が力を合わせ，社会全体で，子どもたちの『生きる力』をはぐくむために-新学習指導要領スタート-」2010, p.7.

情報化・グローバル化・少子高齢化・消費社会等

学校から社会への移行をめぐる課題	子どもたちの生活・意識の変容
① 社会環境の変化 ・新規学卒者に対する求人状況の変化 ・求職希望者と求人希望との不適合の拡大 ・雇用システムの変化 ② 若者自身の資質等をめぐる課題 ・勤労観，職業観の未熟さと確立の遅れ ・社会人，職業人としての基礎的資質・能力の発達の遅れ ・社会の一員としての経験不足と社会人としての意識の未発達傾向	① 子どもたちの成長・発達上の課題 ・身体的な早熟傾向に比して，精神的・社会的自立が遅れる傾向 ・生活体験・社会体験等の機会の喪失 ② 高学歴社会における進路の未決定傾向 ・職業について考えることや，職業の選択，決定を先送りにする傾向の高まり ・自立的な進路選択や将来計画が希薄なまま，進学，就職する者の増加

学校教育に求められている姿

「生きる力」の育成
～確かな学力，豊かな人間性・健康・体力～

社会人として自立した人を育てる観点から
・学校の学習と社会とを関連付けた教育
・生涯にわたって学び続ける意欲の向上
・社会人としての基礎的資質・能力の育成
・自然体験，社会体験等の充実
・発達に応じた指導の継続性
・家庭・地域と連携した教育

キャリア教育の推進

図11-1　キャリア教育が必要となった背景と課題
出典）文部科学省「中学校キャリア教育の手引き」p.10より作成

109

やる心や感動する心などの豊かな人間性。

・「健康・体力」は，たくましく生きるための健康や体力。

そして，宮崎は，「生きる力」を基盤として備えながら，生涯にわたり自分らしく生きるためには，① 個人的要因による精神的自立，② 対人・社会的要因による社会的自立，③ 就業等による経済的自立，が重要であるとしている[6]。この３点について宮崎は，「精神的自立」とは，ひとりの人間（個人）としての自己認識・自己受容し，また自己を客観視すること。「社会的自立」とは，自分と他者や異質なものとの違いを認め，受容すること。「経済的自立」とは，仕事を通じて，社会の中で応分の役割と責任を果たし，自らの力で生活が維持できる能力と実行力を持つこと，と整理している[7]。このような捉え方からすると「生きる力」とは，「社会的・職業的自立に向け，必要な基盤となる力」，すなわち「自立」の育成を目指すキャリア教育においても必要となる基礎的な力であることが確認できるのである。

つまり，社会的にキャリア教育に対する関心が高まる中で，学校教育の現場に求められるのは，若年層が不安定な雇用環境を乗り越えるために必要な能力を養うことであり，それは，文部科学省が強調する「生きる力」であり，中学校，高等学校段階においては，学校から社会にスムーズな移行を果たすために必要な職業観，勤労観の形成，自立した生活や他者との良好な人間関係を形成できる力を身に付けさせることであるといえるのである。

以上，ここまで見てきたようにキャリア教育は，児童生徒の発達に応じて取り組まれるものであり，自分らしい生き方を実現するために必要な能力・態度を育む教育活動といえる。

2 進路指導・キャリア教育の展開過程

（１）進路指導とキャリア教育の関わり

経済，社会情勢が大きく変化した1990年代後半以降，若者の不安定な雇用環境に関心が集まる中，キャリア教育が学校教育の中に定着し始めることとなったが，もちろん，それ以前より，学校現場では進路指導として職業教育への様々な取組がなされてきた。この点について文部科学省は「進路指導は，昭和30年代前半まで「職業指導」と呼ばれていたが，戦後一貫して，中学校・高等学校卒業後の将来を展望し，自らの人生を切り拓く力を育てることを目指す教育活動として，中学校及び高等学校の教育課程に位置づけられてきたのである」と述べている[8]。

6）宮崎冴子『キャリア形成・能力開発「生きる力」をはぐくむために』文化書房博文社，2008，p.9．

7）6）と同じ，pp.9-10．

8）文部科学省「高等学校キャリア教育の手引き」2012，p.39．

2 進路指導・キャリア教育の展開過程

1951（昭和26）年〜1960（昭和35）年

① 将来の進路等を勘案した科目選択の指導の必要性が指摘されつつも，その取組の教育課程上の位置付けについては特に定められていなかった時期

1960（昭和35）年〜1970（昭和45）年

② 「特別教育活動」の「ホームルーム」において「望ましい生き方を自覚させる」ことや「自主的に進路を決定する能力を養う」ことが求められた時期

1970（昭和45）年〜現在

③ 進路指導に関する規定が「総則」内に置かれ，進路指導が教育活動全般を通して行われるものとされると同時に，その中核的な場面として「ホームルーム（及びその後のホームルーム活動）」が位置付けられた時期

図11−2　教育課程における進路指導の位置付けの変遷
出典）文部科学省「高等学校キャリア教育の手引き」2012 p.41より作成

　図11−2は，教育課程における進路指導の位置付けの変遷を示したものである。これをみると，現在のキャリア教育内容において強調される職業的自立を促すことについては，1960（昭和35）年以降，自主的に進路を決定するといった文言を通して，既に意識付けされていることや，特別活動のホームルーム活動が，場面として中核をなしていることも引き継がれていることがわかる。

　では，従来の進路指導が学校現場に根付いている中でキャリア教育がもつ意味はどこにあるのだろうか。この点について文部科学省は次のように述べている。

　　キャリア教育は，就学前段階から初等中等教育・高等教育を貫き，また学校から社会への移行に困難を抱える若者（若年無業者など）を支援する様々な機関においても実践される。一方，進路指導は，理念・概念やねらいにおいてキャリア教育と同じものであるが，中学校・高等学校に限定される教育活動である。…（中略）…，進路指導は，子どもたちの意識の変容や能力や態度の育成に十分結び付いていないなどといった指摘がある。入学試験・就職試験に合格させるための支援や指導に終始する実践（いわゆる「出口指導」）はその典型例と言える[9]。

9）8）と同じ，p.44.

　つまり，キャリア教育と進路指導は，理念，概念やねらいは共有しているものの，しかし，実情としては，進路指導は中等教育段階における出口指導という意味で広く浸透しているのに対して，キャリア教育は，学校段階から社会への接続といった長期間を見通したキャリア形成を前提としている。両者の相違点は，この点にあると捉えることはできよう。

111

（2）教育振興基本計画におけるキャリア教育の位置付け

現在，日本の教育は教育振興基本計画によって進められている。この教育振興基本計画は，2005（平成17）年の教育基本法の改正に伴い，教育の基本理念の実現に向けて策定されたものである。

2008（平成20）年の第1期となる教育振興基本計画においては，「地域の人材や民間の力も活用したキャリア教育・職業教育，ものづくりなど実践的教育の推進」と「中学校を中心とした職場体験活動」「普通科高等学校におけるキャリア教育の推進」が示され，多様な職業体験の機会を提供するための取組が強化された[10]。

2013（平成25）年度より開始された第2期教育振興基本計画では「社会を生き抜く力の養成」を基本的方向性に基づく方策のひとつに掲げ，「キャリア教育の充実，職業教育の充実，社会への接続支援，産学官連携による中核的専門人材，高度職業人の育成の充実・強化」とし，初等中等教育段階修了までに「生きる力」を確実に育成することが示された[11]。

さらに，第3期教育振興基本計画では，キャリア教育，職業教育に関する記述として「このため，幼児教育から高等教育までの各学校段階において体系的・系統的なキャリア教育を推進するとともに，高等学校段階以降においては，地域や産業界との連携の下，職業において求められる知識や技能，技術に関する教育の充実を図り，今後の社会的・職業的自立の基盤となる基礎的・汎用的能力や，生涯にわたり必要な学習を通じて新たな知識や技能，技術を身に付け，自らの職業人生を切り拓いていく原動力を育成することが重要である[12]」と記されている。このように，学校におけるキャリア教育は，社会への移行，接続をスムーズに果たし，将来的に職業的自立を達成するための準備期間として位置付けられている。

そして，2023（令和5）年度から開始された第4期教育振興基本計画においても，当然ながらキャリア教育・職業教育は重要事項のひとつとなっており，「幼児教育から高等教育まで各学校段階を通じた体系的・系統的なキャリア教育を推進する」としたうえで，「初等中等教育段階においては『キャリア・パスポート』等を活用し」，「社会的・職業的自立に向けて必要な基盤となる資質・能力を育成する取組を通じて，社会の中で自分の役割を果たしながら，自分らしい生き方を実現していくキャリア発達を促進する」と示されている[13]。これらを通じて，児童生徒自身が，日々の学習と自己の将来とのつながりを見通しながら，社会的・職業的自立に必要な資質・能力形成を目指すことになった。

以上のように2008（平成20）年の第1期教育振興基本計画以降，小学校から

---

10) 文部科学省「教育振興基本計画」2008.

11) 文部科学省「第2期教育振興基本計画」2013, p.52.

12) 文部科学省「第3期教育振興基本計画」2018, p.23.

13) 文部科学省「第4期教育振興基本計画」2023, p.38.

高校の各学校段階において経済，産業界や地域社会と連携したキャリア教育が推進されており，職業体験等の実践的な活動を通じて職業観，勤労観を養う取組が行われている。

3 進路指導・キャリア教育の展望

新たな学習指導要領の開始〔小学校：2020（令和2）年度開始，中学校：2021（令和3）年度開始，高等学校：2022（令和4）年度開始〕（以下，現行学習指導要領）と同時に，「キャリア・パスポート」が導入されることとなった。清水はキャリア・パスポートについて「児童生徒のキャリア形成を果たすことを意図したポートフォリオのことであり，教科等のそれぞれの学びを横断的・縦断的につなぐことで，ポートフォリオを通して自らの学びの自己評価を促す機能を有している[14]」と述べている。これらを通して児童生徒は自身の学習状況やキャリア形成を振り返ることで主体性を育み自己実現につなげることを目的としているのである。そのうえで，文部科学省は，「キャリア・パスポート」を活用して教員が対話的に関わることによって，児童生徒にとっては自己理解，教員にとっては児童生徒理解を深めることや，キャリア・カウンセリングにとって大切なことは日常の生活で児童生徒の「気付き」を促すことと指摘している[15]。このように「キャリア・パスポート」の活用は，小学校から高校にかけて児童生徒自身が学びや活動を振り返り，キャリア形成と自己実現に寄与するとともに，教員もその記述内容を基に，個々との対話を通して発達に応じたキャリア支援が可能となるのである。そして，「大人（家族や教員，地域住民等）が，対話的に関わることができるものとすること」「負担が過剰にならないように配慮しつつも，児童生徒が自己有用感の醸成や自己変容の自覚に結び付けられるような対話を重視すること[16]」と示されているように，キャリア・パスポートの活用は学校だけにとどまることではなく保護者や地域の大人たちも関わり合うことが重要となる。

さて，現行学習指導要領において高等学校で必履修化された「総合的な探究の時間」は「自己の在り方生き方」を重視している[17]。また「自己の在り方生き方を考えることは，社会とのつながりを求める高校生にとっては欠かすことのできない重要な学習である。例えば，生徒一人一人が自己の希望する進路に沿った就業体験を中心として，課題の解決や探究活動を展開することが考えられる[18]」との記述もあり，高校においては，より一層，総合的な探究の時間を通じて職業体験を含んだキャリア教育が取り組まれていくことが考えられる。実際に，キャリア教育を実施する時間は「総合的な探究の時間」が77.6%でトッ

14）清水克博「『なす』と『学び』を結ぶ『振り返り』の可能性：『キャリア・パスポート』との関わりから」日本特別活動学会紀要，29，2021，pp.15-22．

15）文部科学省「中学校・高等学校キャリア教育の手引き」2023，p.33．

16）文部科学省「『キャリア・パスポート』の様式例と指導上の留意事項」2019．

17）文部科学省「高等学校学習指導要領（平成30年告示）解説　総合的な探究の時間編」2018，p.73．

18）17）と同じ，p.74．

第11章　進路指導とキャリア教育

19）リクルート「高校教育改革に関する調査2022『進路指導・キャリア教育』編」2023.

20）国立教育政策研究所「令和元年度（平成31年度）職場体験・インターンシップ実施状況等結果（概要）」2019, pp.1-2.

21）内閣府教育再生実行会議「技術の進展に応じた教育の革新，新時代に対応した高等学校改革について（第十一次提言）」2019, p.22.

22）文部科学省「『令和の日本型学校教育』の構築を目指して～全ての子供たちの可能性を引き出す，個別最適な学びと，協働的な学びの実現～（答申）」2021, p.52.

プであるとの調査結果もある[19]。

　しかし，高校における職業体験の実施状況を見ると，公立中学校における職場体験の実施率97.9％に対して，公立高等学校（全日制・定時制）における実施率は，前年度より0.1ポイント上回り85.0％となり，実施割合は若干上昇しつつも，高校は中学より低い状況となっている。また，学科別でみると普通科においては，前年度より4.0ポイント上回り26.5％を示したものの，職業に関する学科においては，前年度よりも3.3ポイント上回り71.7％となり，学科の違いで実施に大きな差が生じていることが明らかとなった[20]。つまり，普通科は職業学科と比べて職場体験に取り組む割合が低い等の課題が示されたのである。

　2019（令和元）年5月，教育再生実行会議は第11次提言において高等学校改革のひとつとして「普通科の各学校が，教育理念に基づき選択可能な学習の方向性に基づいた類型の枠組みを示すこととする[21]」と指摘し，普通科が，これまでの一斉的・画一的な学びから特色ある学びへの転換を図ることについて言及した。そして，2021（令和3）年1月，文部科学省答申「『令和の日本型学校教育』の構築を目指して～全ての子供たちの可能性を引き出す，個別最適な学びと，協働的な学びの実現～」の中で，「普通教育を主とする学科」の弾力化・大綱化（普通科改革）が示された[22]。これは生徒の約7割が通う普通科を一括りにせず，「学際的・複合的な学問分野や新たな学問領域に即した学科」や「地域社会が有する課題や魅力に着目した実践的な学びに取り組む学科」，そして「普通教育として求められる教育内容であって当該高等学校の存在意義・社会的役割等に基づく特色・魅力ある学びに取り組む学科」と高校がそれぞれの特色化・魅力化に取り組むことを推進するものである。つまり，各設置者の判断により，普通科においても，画一的なカリキュラムではない多様な特色をもったカリキュラムが展開されることになる。今後，新たな学びを推進する中で，その学びの特色を生かした職業体験を含むキャリア教育を構築する必要があるだろう。

　近年，情報技術の普及とさらなる革新，地球温暖化をはじめとする環境問題の深刻化等から，社会の大きな変革期に入っており，我々は既存の価値観を超えた，新しい価値観に基づく新しい社会の枠組みを創り上げていかなければならない。現代社会は将来の予測が困難な状況にあり「VUCA時代」ともいわれる。VUCAとは，V（Volatility：変動性），U（Uncertainty：不確実性），C（Complexity：複雑性），A（Ambiguity：曖昧性）の4つの単語の頭文字をとった造語である。本章で見てきたように，こうした時代を生きる子供たちが，自ら道を

切り開き，豊かな人生を実現するために，キャリア教育は不可欠なものとなっている。児童生徒は教育を通じて，社会変化に関心をもつ意識や，逆境を跳ね返す力，変化を恐れず立ち向かっていく勇気を養い，人生を自分で切り開いていくための力を身に付けていく必要がある。そのためには，学校は日常の教育活動を通して，学ぶ面白さや学びの意味を伝え，大人たちは，彼らが将来に希望がもてる社会を形成していく必要があるといえよう。

●演習課題

課題1：予測困難な社会を生き抜くために必要な資質・能力について話し合ってみよう。

課題2：自身の職業体験を振り返って，身に付いた力は何か考えてみよう。

課題3：進路指導の際，教員として留意する点について話し合ってみよう。

コラム　特別支援教育

　2005（平成17）年に発達障害者支援法〔2016（平成28）年に一部改正〕が施行されて，20年が経過しようとしている。本法は発達障害を早期に発見することで発達障害者（児）に対して手厚い就学，就労に関してライフステージを通じた切れ目のない支援を実施することを目指している。また，その2年後の2007（平成19）年に開始された特別支援教育は，学校教育法の一部を改正し，従来の盲学校，聾学校及び養護学校を特別支援学校とすることや，教員免許法についても一部改正を図り，盲学校，聾学校及び養護学校ごとの教員の免許状を特別支援学校の教員の免許状にする等，学校教育現場においては大きな制度変更を伴うものとなった。

　中央教育審議会による答申「今後の学校におけるキャリア教育・職業教育の在り方について」の中で，「特別支援学校高等部においては，個々の障害の状態に応じたきめ細かい指導・支援の下，適切なキャリア教育・職業教育を行うことが重要である＊」と示され，職場体験活動の機会の拡大や体系的なソーシャルスキルトレーニングの導入等，適切な指導や支援が必要であると指摘している。学校現場としては，児童生徒が有する障害の重度・重複化等，多様化に対応して，一人一人が抱える課題に応じた指導が必要となる。

　他方，自治体，民間企業においても，障害者の雇用の促進等に関する法律（障害者雇用促進法）により，障害者雇用が義務化されており，規模に応じて一定数を雇用することが求められている。こうした動きにより多様な資質をもつ人々の社会参加を推し進め，多様性のある企業文化，組織づくりにつながる等の効果が期待できる。しかし一方で，大企業と中小企業の障害者雇用率には大きな開きがあり，中小企業では障害者のための業務創出や，人事制度を整備することが難しい等，課題も多いのが現状である。

　さらに，2021（令和3）年に障害を理由とする差別の解消の推進に関する法律（障害者差別解消法）が改正され，2024（令和6）年より学校側，事業者に対して合理的配慮が義務化された。これにより，全ての学校，事業者に合理的配慮の提供が求められることになった。これらは共生社会の実現に向けた社会の動きといえる。共生社会とは，これまで必ずしも十分に社会参加できるような環境になかった障害者が，積極的に参加・貢献していくことができる社会である。そして，こうした社会の実現には，我々一人一人が，多様な価値観への理解，他者，異質性への理解を深めることが重要といえよう。

　＊　中央教育審議会「今後の学校におけるキャリア教育・職業教育の在り方について」2011，p.60.

第12章 多様な背景をもつ児童生徒への生徒指導・進路指導

生徒指導上の課題として，学校的背景のほかに，児童生徒が抱える障害や精神疾患，健康問題といった個人的な背景，家庭的背景等の影響が指摘されている。ここではそうした多様な背景をもつ児童生徒への生徒指導・進路指導における，その理解と対応の実際について，具体的事例を通して学ぶ。

1 発達障害に関する理解と対応の実際

　発達障害は脳の機能障害，すなわち生まれつきの脳機能の発達の偏りによる障害である。「怠けている」「わがまま」という児童生徒本人の気質や性格が原因ではないし，「育て方が悪い」という保護者の養育態度のせいでもない。学習面や行動面，対人関係において，周囲の大人が困っている以上に，本人も困っており，そうした困難さが学校生活に支障をきたす状態を指す。環境を調整し，特性に合った学びの機会を用意することで軽減するという報告がある（例えば基本的な生活習慣を整える等）ことから，特性に応じた理解と対応が求められるといえよう。以下に主な発達障害として，学習障害（LD）・注意欠陥多動性障害（ADHD）・高機能自閉症のそれぞれの特性をあげる（図12-1）。

　文部科学省の調査[1]によれば，学級担任等が回答した内容から，「知的発達に遅れはないものの学習面又は行動面で著しい困難を示す」児童生徒の割合は8.8％（小学校・中学校），男女別では男子の割合が高く女子の約2倍であった。これまでの調査〔2012（平成24）年6.5％，2002（平成14）年6.3％〕よりも割合が上昇している。発達障害の認知度が広がった結果として，今まで見過ごされがちであった困難さのある児童生徒に対して，教員も意識して接するようになったことが一因とみられる。

[1] 文部科学省初等中等教育局特別支援教育課「通常の学級に在籍する発達障害の可能性のある特別な教育的支援を必要とする児童生徒に関する調査結果について」2022, p.10.

第12章　多様な背景をもつ児童生徒への生徒指導・進路指導

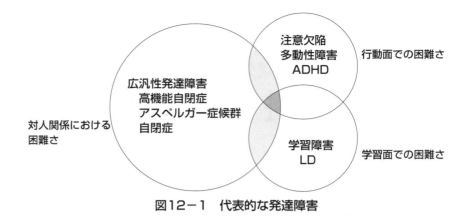

図12－1　代表的な発達障害

（1）発達障害の特性の理解

1）学習障害（LD：Learning Disabilities）

「学習障害とは，基本的には全般的な知的発達に遅れはないが，聞く，話す，読む，書く，計算するまたは推論する能力のうち特定のものの習得と使用に著しい困難を示す様々な状態を指すもの[2]」とされる。

読み書きが極端に苦手な特性があり（ディスレクシアと呼ばれる），小学校入学後にその傾向に気付くことが多い。「国語」の授業では，文を読むのが遅い，読み間違いが多い，行を飛ばして読んでしまう，文末等を適当に自分で変えて読んでしまう，文を読めてもその意味が理解できないといった「読み」が苦手だったり，文字を思い出せない，思い出すのに時間が掛かる，似た文字をいつも間違えてしまう，漢字の部首（へんとつくり）を間違う，文の主語が抜けたり「てにをは」の誤りがあるといった「書き」が苦手であったりする。「算数」の授業では，数は数えられても計算になるとできなくなる（指を使ってしまう），暗算ができない，繰り上がり・繰り下がりが理解できない，九九を暗記しても計算に使えない，文章題を解くのが難しい。これら読み・書き・計算は基本的な力であるがゆえに学習全般に関わる。いわば学習面での困難さと見なせよう。

2）注意欠陥多動性障害（ADHD：Attention-Deficit/Hyperactivity Disorder）

「ADHDとは，年齢あるいは発達に不釣り合いな注意力，及び／又は衝動性，多動性を特徴とする行動の障害で，社会的な活動や学業の機能に支障をきたすもの[2]」とされる。

不注意の特性として，落ち着きがなく注意を持続することが難しい，失くし物や忘れ物が多い，気が散りやすい，集中力が続かない，衝動性の特性とし

[2] 中央教育審議会「特別支援教育を推進するための制度の在り方について」2005.

て，順番を待てない，衝動を抑えることが難しい，指示は理解できても従うことが難しい，多動性の特性として，体を絶えず動かしている，授業中に離席する，指名されていないのに答えてしまう，がある。いわば行動面での困難さと見なせよう。

３）高機能自閉症（High-Functioning Autism）

「高機能自閉症とは，３歳位までに現れ，① 他人との社会的関係の形成の困難さ，② 言葉の発達の遅れ，③ 興味や関心が狭く特定のものにこだわることを特徴とする行動の障害である自閉症のうち，知的発達の遅れを伴わないもの[2]」とされる。

またアスペルガー症候群とは，知的発達の遅れを伴わず，かつ，自閉症の特徴のうち言葉の発達の遅れを伴わないものを指す。なお，高機能自閉症やアスペルガー症候群は，広汎性発達障害に分類されるものである。近年では，はっきりとした分類の境界がなく連続したものと捉えられるようになり，自閉スペクトラム症（ASD：Autism Spectrum Disorder）と呼ばれ[3]，対人関係における困難さは共通している。

他人との社会的関係形成の困難さの例として，目を合わせられない，表情等から相手の気持ちや場の空気を読み取ることができない，冗談や曖昧な表現を理解できず言葉通りに捉えてしまう，相手の嫌がることでも思ったまま口に出してしまう，他人との関わりをあまり求めようとしない，マイペースな行動が目立つ等がある。そして，興味や関心が狭く特定のものにこだわる例として，特定のものや決まった手順を極端に好む，急な予定変更や活動の切り替えが苦手，自分の好きなことには知識が豊富で熱心だが，そうでないものには一切関わろうとしない，等がある。

これらの発達障害の特性は，一人の児童生徒の中で重複してよく見られ，現れ方は多様であるし，特性の現れ方（どれかが強い，混在している等）にも個人差がある。本人は懸命に努力をしてもうまくいかず，その特性から周囲に迷惑が掛かり注意を受けることが多くなりがちである。こうした辛い体験を重ねると，努力しても無駄だと学習を避け自信を失い，追い詰められてしまうため，いじめや不登校といった二次的な障害につながりやすい。

（２）発達障害に関する対応の実際

「発達障害者支援法」は発達障害児（者）の早期発見と支援を目的とした法律である〔2004（平成16）年公布，2005（平成17）年４月施行〕。知的障害を伴わない発達障害が「障害」であって「支援」や「配慮」が必要という認識や発達

3）アメリカ精神医学会，日本語版用監修日本精神神経学会『DSM-5-TR 精神疾患の分類と診断の手引』医学書院，2023.

第12章　多様な背景をもつ児童生徒への生徒指導・進路指導

障害に対する社会の理解も広まり，発達障害児（者）の支援がより充実したものとなるよう2016（平成28）年に改正された（「発達障害者支援法の一部を改正する法律」）。「発達障害者への支援は，社会的障壁の除去に資することを旨として，行われなければならない」（第2条2）という基本理念が追加され，発達障害のある人が適応できないのはその人の特性ではなく環境（周囲の工夫や配慮）に問題があるのであって，それを社会の責任として解決を図るべきと明記されたことによって，発達障害児（者）が社会生活における支援や配慮を受けやすい環境づくりが進んでいる。

1）障害者差別解消法と合理的配慮

「障害者の権利に関する条約」〔略称：障害者権利条約，2006（平成18）年に国連総会において採択〕は，障害者の人権や基本的自由を守るための国際的な約束である。この条約の締結に向けて，日本は障害者制度の改革に力を入れた。全ての国民が，障害の有無によって分け隔てられることなく，相互に人格と個性を尊重し合いながら共生する社会の実現に向け，障害を理由とする差別の解消を推進することを目的として，「障害を理由とする差別の解消の推進に関する法律」（いわゆる「障害者差別解消法」）が2013（平成25）年に制定された。2024（令和6）年には「改正障害者差別解消法」が施行され，事業者による障害のある人への合理的配慮の提供が義務化された。「障害のある人から社会的バリア（障壁）を取り除くための申し出があった場合に，障害のある人と事業者等が話し合って（建設的対話）共に対応策を検討する」こととした。教育現場においては，障害のある児童生徒の発達や年齢に応じた個別の配慮が努力義務から法的義務として位置付けられるようになった[4]。

4）内閣府Webサイト「障害を理由とする差別の解消の推進」.

障害のあるなしにかかわらず，児童生徒はそれぞれに個性がある。苦手なこと得意なことがあり，学ぶ方法も様々である。誰もが学びやすい学校に向けて，児童生徒一人一人が学びやすくするための工夫が合理的配慮といえる。どのような配慮ができるか，お互いが無理のない方法を話し合うには対話が大事である。教員や保護者だけで合意して決めずに，児童生徒が納得した方法を実施する。一度決めたら放置せず，児童生徒の困難さはどう変わったのか配慮の適切性について評価を行い，定期的に見直して必要に応じて修正することが必要であろう。

2）合理的配慮の提供の例

学習面での困難さのある児童生徒には，認知機能の弱さや偏りに応じてそれを補うような働き掛けをする。例えば「書く」のが苦手な場合，授業中に板書をノートに写すことに必死になりすぎてしまうと，教員の説明が聴けず授業内容がわからなくなってしまう。板書を事前にプリントにして渡す，板書をタブ

120

レット端末やカメラ等で写真撮影して見返せるようにする，教員の説明を後から聴けるようにボイスレコーダーを使うといった支援機器の使用が考えられる。「聞いて理解する」のが苦手なら，注意をひいてから（例：大切なことを言うよと声を掛ける），具体的な言葉で（例：ちょっと待って→1分待って），一つずつ指示する（例：「AしてBしたらCしなさい」と口頭で言う→「Aする，Bする，Cする」と板書する），イラストや図でわかりやすく伝える工夫も考えられる。

　行動面での困難さのある児童生徒で，例えば不注意の特性が強い場合，授業に参加しやすい座席を確保する，授業中に気が散らないように教室の掲示物を目隠しやカーテンで見えなくする，仕切りのある机を用意する。衝動性が強い場合，授業中の配布物を配る役割を与えることによって立ち歩ける時間を確保する，気持ちをコントロールするための空間を用意するといった工夫が考えられる。

　対人関係で困難さのある児童生徒の場合，話し合いでは順番に発言する，発言が終わってから次の発言をする等の暗黙ルールを事前に確認する，発言内容を板書したり紙に書いたり見えるようにする，部分的な参加を認めることが有効なことがある。

2　精神疾患に関する理解と対応の実際

　生徒指導上の課題の背景として，精神疾患がその要因となっている場合がある。精神疾患とは，主に世界保健機関（WHO）による国際疾病分類第10版（ICD-10）の「精神および行動の障害」に記載されている疾患を指す[5]。ここでは教育現場において注意すべき精神疾患（精神障害）例をあげる。

5) 厚生労働省「ICD-10（国際疾病分類）」（第5章 精神および行動の障害）.

（1）主な精神疾患

1）気分障害

「気分の波が主な症状として表れる病気[6]」で，気分の浮き沈みが強く，一定の期間にわたり長く続くために，学校生活に支障をきたす場合をいう。

6) 厚生労働省Webサイト「精神障害（精神疾患）の特性（代表例）」.

　学校現場では欠席が続くことから面談を行うと，表情が暗く，何に対しても興味や関心がなくやる気が出ない，ネガティブな思考に陥ったり，自分が悪いと思い込み自分は要らない人間のように思ったりするといった，うつ状態の症状がでる（うつ病）。一方，ハイテンションな言動が現れ，自分の能力以上のことを何でもやろうと限界を超えて活動し続けたりする躁状態と，うつ状態とを繰り返すこともある〔双極性障害（躁うつ病）〕。

121

2）統合失調症

「『幻覚』や『妄想』が特徴的な症状[6]」とされ，言動にまとまりがなくなる病気である。「幻覚」は「実態がなく他人には認識できないが，本人には感じ取れる感覚[6]」を，「妄想」は「明らかに誤った内容を信じてしまい，周りが訂正しようとしても受け入れられない考え[6]」をいう。教室に一人でいるのに自分の悪口やうわさ話が聞こえたり，誰かが自分を見張っている，邪魔をしていると感じたり考えたりする。会話が支離滅裂になり脈絡のないことを言い出したり，つじつまが合わない行動を突然したりする。無表情，無気力になり，人と関わることを避け閉じこもりがちになってしまう。

3）依　存　症

依存症とは，「やめたくてもやめられない状態[7]」を指し，やらないと落ち着かない等，心身に悪影響が生じることをいう。アルコールや薬物，ギャンブルが代表的な依存対象だが，教育現場ではネット・ゲーム依存として診断名がつかなくとも，ゲームに熱中して昼夜逆転してしまう，スマホを禁止されても隠れて持ったり，触ってばかりで誰とも話そうとしなくなる，SNSの通知が気になって授業に集中できないという兆候が見られるような児童生徒には要注意である。

7）文部科学省「『ギャンブル等依存症』などを予防するために」2019.

4）摂食障害

「摂食障害は食行動を中心にいろいろな問題があらわれる病気[8]」である。「体重や体型の感じ方が障害され，明らかにやせていてもそれを異常と感じ[8]」ない。やせるために食事を抜くあるいは極端に食事量を制限したり，過度な運動をしたりする。その反動として，一度に大量の食べ物をむちゃ食いしては下剤等を使用し吐くことを繰り返すこともある。児童生徒（特に女子）において，痩身願望によるダイエット指向が過度な減量につながることもあり，低栄養による身体症状（筋力低下，低血圧，低体温）や心理的症状（うつ気分や不安，こだわりが強くなる）が深刻化する前に早期に気付くことが望まれる。

8）摂食障害全国支援センター　摂食障害ポータルサイト
https://edcenter.ncnp.go.jp/edportal_general/

（2）精神疾患に関する対応の実際

こうした精神疾患に教員として対応するうえでのポイントは次の3点があげられる。日常の接点を通して児童生徒の問題の芽を発見し，児童生徒の危険信号を受け止めることができれば，問題の深刻化を防ぐことができるであろう。

1）誰もが罹る可能性があると認識する

「5人に1人は生涯の間になんらかの精神疾患に罹る[9]」とされるように，誰でもかかりうる病気である。また「その半数は14歳までに発症する[9]」とされ，思春期から青年期での発症率が高い。つまり，教員も児童生徒も精神疾患

9）佐々木　司「なぜ，なに，どうして？学校保健『第4回精神保健・精神疾患を学ぶ』」公益財団法人日本学校保健会，2016.

に罹るかもしれないし，家族等周りの人がいつ罹ってもおかしくない。

　精神疾患に対する偏見や差別をなくすため，正しい知識を学ぶ機会の提供として2022（令和4）年度から高校の保健体育の科目で精神疾患の授業が始まっている。このような機会を活用して，精神疾患に関する正しい知識や情報を常にアップデートし，生徒と共有することが望まれる。

２）早目の相談を促す

　心身に不調を感じたら周囲に相談することが重要である。心身の不調の早期発見・治療・支援の開始によって回復する可能性が高まる。児童生徒には，早めに誰かに相談することによって適切な対応ができること，回復も早いこと，相談することは恥ずかしいことではないと折に触れて伝える必要がある。不安，抑うつ気分，不眠等，よくありがちな症状であるために，本人も周囲も病気と気付きにくい（病的な精神症状を区別するのは難しい）。だからこそ自己判断せずに相談することが望ましい。

　相談を受けた際は，専門家を受診するよう働き掛ける。受診して，病気であることや治療が必要なことを，児童生徒（やその家族）が理解し自分に関わることとして受容する。薬物療法では内服指導も含まれるため，病識がないと適切な治療につながらないことがあるため注意する。

３）“温かい心と冷めた頭”をもつ

　目の前の児童生徒を理解するには，その子の立場から，その子を理解しようとする温かい心が必要である。人は誰でも，その人なりの独自性をもっている。一人一人，異なった考え方，感じ方，生き方をしている。人を理解するには，その独自性を心から認めることが出発点であり，目の前の児童生徒を，ほかの児童生徒とは異なる，一人の人として尊敬する心が重要である。一方温かい心を向けるだけだと，相手に巻き込まれて正確な判断ができず，相手のためになる援助ができなくなるおそれがある。そこで，冷静に判断できる冷めた頭（冷静な判断力）が必要となる。

　対応においては，教員は一般的な児童生徒と同じように接する。目の前の児童生徒が自分と同じ一人の人間であること，「成長する力」を内在していること，今は「成長の過程にあるのであって特定の問題が現れているだけ」であると捉える。児童生徒を教員である自分よりも一段低い存在として捉えていたのでは，上から見下ろしていることになるので，児童生徒の心は理解できない。そのような姿勢で接したのでは，相手は心を閉ざしてしまう。表面に現れた問題行動を責めるだけに終わらせずに，相手の可能性を信じて接する姿勢が望まれる。

第12章　多様な背景をもつ児童生徒への生徒指導・進路指導

3 健康問題に関する理解と対応
の実際

10) 日本学校保健会
「教職員のための子供
の健康相談及び保健指
導の手引–令和3年度改
訂–」2022.

　精神疾患と診断されなくとも，児童生徒の心身の健康課題が生徒指導上の課
題の背景となる場合もある。「肥満・痩身，生活習慣の乱れ，メンタルヘルス
の問題，アレルギー疾患の増加，性に関する問題等，児童生徒が抱える健康課
題は，時代の変化とともに多様化・複雑化・深刻化している[10]」とされる。
様々な原因が考えられるが，児童生徒の健康問題に関する理解の視点をあげて
みる。

（1）健康問題に関する理解

1）心身が不安定な状態にある

　思春期・青年期にある児童生徒は，心身がアンバランスな状態にある。第二
次性徴により身体は子供から大人へと変化するため，その外見から大人らしい
行動を期待される一方，心はまだ追いつかず内面はまだ子供のままというギャ
ップが存在する。そのギャップを解消すべく，大人らしく無理に背伸びをする
こともあれば，子供らしくあえて幼稚な思考をすることもあり，それが心や身
体に何らかの問題として現れる。また情緒不安定になりやすく，好ましくない
社会の影響を受けやすくなる。

2）自尊感情が低い状態にある

　全体として自分を見つめたときの肯定的な評価を自尊感情と呼ぶ。自分を尊
敬する，すなわち自分を大切に思える感情である。自分は人並み程度には価値
がある存在と感じることができる場合は，自尊感情が高くなる。一方，とるに
足らない存在と感じる場合は，自尊感情が低くなる。自尊感情の高い人は低い
人に比べて相対的に，成功への期待が高く，自信に満ち，積極的に物事へ対処
するという特徴が認められる。

11) 北尾倫彦他著『精
選 コンパクト教育心
理学–教師になる人の
ために–』北大路書房，
2006, pp.33-42.

　自尊感情は青年期に低くなる傾向がある。青年期は第二の誕生の時期といわ
れ，養育者への経済的・精神的依存から，大人としての自立を志向するように
なる。自分が自立しようとする中で，「自分とは何者か」「何のために生きてい
るのか」「どんなことができるのか」と，より自分自身を見つめるあまり，自
己内の矛盾により混乱して，自尊感情が低くなるといわれる[11]。また，自分と
他人を比較して自分に足りないことや自分が満足できないことばかりに目がい
ってしまうため，あるいは，本来あるべき理想の自分に対して現実の自分を物
足りなく感じてしまうため，自尊感情が下がるとも考えられる。自分なんてど
うでもよい存在と感じてしまうあまりに，自分の心や身体を傷つける行動に発

展してしまう可能性がある。

　自尊感情の在り方は他者から影響を受ける。特に青年期は親子関係よりも周囲の大人や同世代の仲間関係からの影響が顕著であるとされる。教員や仲間から信頼され，受け入れられていると感じている者の方が，自尊感情は高い。同時に，自尊感情が高い人は，周囲から受け入れられることで，ますます自尊感情を高めるという好循環もある。教育現場では，児童生徒が様々な経験を積み自信を付けていくことで，自尊感情を徐々に高めることができるような環境整備の工夫を重ねていくことが望まれる。

（２）健康問題に関する対応の実際

　児童生徒の健康保持・増進に向けた取組は養護教諭が担うことが期待されるものの，児童生徒の普段の健康観察や相談に当たるのは，学級・ホームルーム担任である[12]。問題把握や解決に当たっては，学級・ホームルーム担任が中心的な役割を果たしつつ，一人で抱え込まないよう，教育活動全体を通じて全教職員により行うことができるような組織的体制づくりを目指すことが必要であろう[13]。そして医療支援が必要となった場合に，地域の医療機関等の関係機関との円滑な連携に向けて，各機関の役割や専門性を理解するとともに，担当窓口との連携方法について情報収集を行うことが望ましい。

12）文部科学省「現代的健康課題を抱える子供たちへの支援〜養護教諭の役割を中心として〜」2017.

13）中央教育審議会「チームとしての学校の在り方と今後の改善方策について」2015.

●演習課題

課題1：多様な背景をもつ児童生徒が共に学ぶことを目指すうえでの問題点や課題，求められる取組について，調べてみよう。

課題2：「実践事例データベース」（国立特別支援教育総合研究所）では，対象児童生徒等の障害種や学年・在籍状況，基礎的環境整備・合理的配慮の観点から検索して，実践事例を閲覧することができる。これらの実践事例を活用して子供の抱えている困難さに対応した合理的配慮を考えてみよう。

課題3：「個に応じた適切な指導」は何か，どのような場における指導を指すのか，誰にとって適切なのか（例えば，教員・児童生徒・その他保護者等），異なる立場から吟味してみよう。

第12章　多様な背景をもつ児童生徒への生徒指導・進路指導

コラム　　LGBTQ

　LGBTQを知っていますか？　多様な性に関わる表現がメディアに取り上げられる機会が増え（ニュースだけでなくYouTubeやコミックも），近年，その認識は高まりつつあります。教育現場でもLGBTQを含む性的マイノリティへの対応が求められています[1]。

　用語を整理しましょう。「性同一性障害」とは生物学的な性が本来の自分の性ではないと強く感じ（性自認），恋愛感情の対象（性的指向）や衣服や言動等について周囲から期待されているものと自分が望むものとが一致せず，苦痛を感じるという障害です。「LGBTQ」とは，Ｌがレズビアン（Lesbian 女性同性愛者），Ｇがゲイ（Gay 男性同性愛者），Ｂがバイセクシャル（Bisexual 両性愛者），Ｔがトランスジェンダー（Transgender 身体的性別と性自認が一致しない人），Qがクエスチョニング／クィア（Questioning/Queer 自身の性がわからない，決めていない人）のそれぞれ５つの性的少数者を表す頭文字をとった総称です。「性的マイノリティ」は，LGBTQのような多様な性的指向・性自認をもつ人も含んでおり，性の多様性を表す言葉とされます。

　性的マイノリティに対する理解と支援が重要とされる中で，少数派であるがために正常と思われず，いじめや偏見・差別的扱いに悩む児童生徒は多いようです。該当する人は全体の約９％前後との報告[2]もあり，35人学級に２，３人の割合と考えると，多数派ではないだけで，少数とはいえないように思います。

　では教員を目指す皆さんは今，何ができるでしょうか。まずはLGBTQについて正しい知識を身に付け理解しようとすることです。間違った知識や無理解によって，知らず知らずのうちに配慮のない言動をしてしまうことがあり得ます。知ろうとする，理解しようとする意識がないと学ぶことはできません。児童生徒にとって，家族以外の身近な大人である教員は，とても影響力があります。その教員の言動によって児童生徒が傷つくことは，意図的でなくとも避けなければなりません。次にLGBTQについて知ったことや理解したことを実践することです。性の多様性を尊重する行動につなげるのです。人権を尊重する行動は，全ての人が自分らしく生きる社会の実現を願っているというメッセージになります。学級が安心・安全な場であれば，児童生徒は自分のことを肯定的に受け入れることができます。「自分らしくあってよい」という自己受容は他者受容・他者理解にもつながり，よりよい学級づくりに貢献します。

＊１　文部科学省初等中等教育局児童生徒課「性同一性障害や性的指向・性自認に係る，児童生徒に対するきめ細かな対応等の実施について（教職員向け）」

＊２　電通ダイバーシティ・ラボ「LGBT調査2018」2019.

参考文献
認定NPO法人ReBit「学校における性的指向・性自認に係る取り組み及び対応状況調査（2022年度）」
葛西真記子編著『LGBTQ+の児童・生徒・学生への支援 教育現場をセーフ・ゾーンにするために』　誠信書房，2019.

第13章 各校種における進路指導とキャリア教育の実際

進路指導・キャリア教育について，小学校・中学校・高等学校における実際と課題について具体的に述べる。進路指導は，上級学校に進むためのいわゆる「出口指導」と捉えがちだが，それを払拭するために，広義の意味で捉える「キャリア教育」が使われるようになった。

キャリア教育は，小学校・中学校・高等学校それぞれの校種において，異なるアプローチと目標をもって実施されており，それぞれに特有の実際と課題があることを学ぼう。

1 小学校における進路指導・キャリア教育の実際と課題

　小学生の進路指導・キャリア教育は，中学校や高等学校の進路指導と比べて，より広範な視野をもち，児童の自己理解や将来の夢を育むことに重点を置くべきである。具体的には，自己理解や多様な職業の紹介，楽しく学ぶことで学びの喜びを体得する。体験活動を重視し，児童が将来の夢を自由に描けるようにすることが重要である。授業内外での活動や家庭との連携を通じて，児童の自己肯定感を育み，将来の可能性を広げる支援を行うことが求められている。

(1) 自己理解・自己肯定感を育成する

　小学生の段階では，まず自分自身を知ることが重要である。児童が自分の興味や関心，得意なことを見つけ，それを認識することで自己肯定感を育むことができる。例えば，特定のテーマに基づくプロジェクトを通じて，子どもたちが自分の興味を追求する機会を提供するような問題解決型学習を行うことで，問題を解決する能力や協働する能力を養うことができる。また，「夢ノート」

第13章　各校種における進路指導とキャリア教育の実際

を作成し，児童が自分の夢や目標，興味を自由に書き込むことで，夢の実現に向けて関心・意欲も高まるのである。

　また，学ぶことの楽しさや解決したときの喜びを味わうことも大切である。日々の学習が将来の夢や目標にどのように結び付くかを具体的に示し，児童自身が興味や関心をもって，自ら学ぼうとする姿勢をつくることが，主体的な学習や学習習慣につながる。そして周囲との対話やディスカッションを通じて自分の視野を広げ，仲間や友だちから新たな気付きを得ることや，教科で学んだ知識を生活と関連付け，自分なりに解決策やアイデアを創造し学びを深めることで，学ぶ喜びを感じるのである。キャリア・パスポート[*1]や振り返りノートでは，児童が取り組んだことについて定期的に振り返りを行い，児童自身が成長を感じることで，自己肯定感や自信につながる。

（2）体験活動を重視する

　体験活動は，学んだ知識を実践的に応用できる場であり，教室では得られない実感が体得できる。また，予測不能な状況や多様な課題に直面するので，試行錯誤の末，創造力を発揮し，解決策を導くこともできる。他者と協力し，共通の目標を達成するためにはコミュニケーションを図る必要がある。他者とコミュニケーションを図る経験から，リーダーシップ，協調性，チームワークが育成される。このように，体験活動では，自らの行動や思考が実際の成果に結び付くことで，自己肯定感が強まり，今後のキャリア形成の向上につながる。キャリア教育の視点で考えられる具体的な体験活動を次にあげる。

1）自然体験，社会体験，地域行事，職業体験や見学等の体験

　小学校の段階では，自然体験を中心に，心が揺り動かされる体験や感性が豊かになる体験（おもしろい・不思議・きれい・うれしい・楽しい・くやしい等の体験）から，自尊感情や豊かな心を育むことができる。また，人間関係を形成するためには，協働的に学ぶ活動を意図的に取り入れることが有効である。社会体験や地域行事に参加する等のイベントの一つとして，様々な職業について保護者や地域の専門家にゲストスピーカーとして協力してもらい，職業に関する話を聞くことや，街探検・商店街での職場見学や職場体験，キッザニア[*2]への訪問等のキャリアイベントの開催に加え，伝統文化体験や祭りへの参加等の体験が，人間関係の形成につながり，職業観・勤労観が育まれる。

2）教科学習での体験

　教科学習においてもキャリア教育との関連で，授業を行うことができる。例えば，生活の時間では，「学校を案内しよう」「街探検をしよう」「あなたの夢はなんですか」といったテーマで，児童が，計画を立て，企画し，実践する。

*1　キャリア・パスポート：小学校から高校までのキャリア教育に関わる活動について，児童生徒自身が学びのプロセスを記述し，蓄積した記録を振り返ることができるポートフォリオのような教材のこと。第11章参照。
参考）文部科学省「「キャリア・パスポート」の様式例と指導上の留意事項」

*2　キッザニア：子供向けの社会体験型施設。施設での体験を通して楽しみながら職業や社会の仕組みを学べる。日本国内には3施設（東京都，兵庫県，福岡県）ある。

低学年から計画・調査・実践・まとめを繰り返して行うことで，計画実行能力が育成される。また，社会科の授業では，「私たちの生活」「地域の歴史を調べよう」「社会の仕組みや職業の役割を知ろう」「ごみ問題を考えよう」「防災マップをつくろう」等の体験活動を単元の中に組み込むことで社会の問題を身近に考えることができ，社会参画や社会貢献の意識が芽生える。また，国語の時間においては，「討論会をしよう」「新聞つくろう」「調べて発表しよう」「様々な情報を役立てよう」「仕事について理解しよう」等のテーマで学習することで，考え議論する力や，発表する力が培われる。

3）道徳の時間・特別活動の時間での体験

道徳の時間においては，内容項目[*3]（道徳的価値）の中に，「自律，自由と責任」「個性の伸長」「友情，信頼」「勤労」等，キャリア教育の視点が多く含まれている。例えば，「身近な集団に進んで参加し，自分の役割を自覚し，協力して主体的に責任を果たす」や「自分の特徴に気付き，よい所を伸ばす」，「友だちと仲よくし，助け合う」といった内容について，話し合うことで，多面的で多様な考えに触れ，社会で生きていくための道徳性が培われる。

また，特別活動の時間においては，色々な体験から，「キャリア教育の要」として，「キャリア・パスポート」を使って，自身のキャリア形成の足跡を再認識することで，自己肯定感や，自己有用感が育まれるのである。

このように，小学校の段階では，体験活動を通して児童の興味や関心を高め，自分発見・自分つくりの基盤を形成するのである。

（3）小学生における基礎的・汎用的能力のねらい

小学校における基礎的・汎用的能力[*4]のねらいとしては，低学年・中学年・高学年の３段階に分けることができる。低学年のねらいとしては，「自分の好きなこと，得意なこと，できることを増やし，様々な活動への興味・関心を高めながら意欲と自信をもって活動できるようにする」等，中学年のねらいは，「友だちのよさを認め，協力して活動する中で，自分のもち味や役割を自覚することができるようにする」等，高学年のねらいは，「苦手なことや初めて経験することに失敗を恐れず取り組み，そのことが集団の中で役立つ喜びや自分への自信につながるようにする」等，学年の進行に伴い，自分自身のねらいから，友だち関係のねらいへ，そして集団の一員としてのねらいへと広がる[1]。

例えば人間関係形成・社会形成能力については，低学年では，「あいさつや返事をする，友だちと仲よく遊び，助け合う」段階から，中学年では，「自分

[*3] **内容項目**：児童が人間として他者とよりよく生きていく上で学ぶことが必要と考えられる道徳的価値を含む内容を，短い文章で平易に表現したものである。また，内容項目ごとにその内容を端的に表す言葉を付記している。
出典）文部科学省『小学校学習指導要領解説 特別の教科 道徳編』2017，p.22．

[*4] **基礎的・汎用的能力**：「人間関係形成・社会形成能力」「自己理解・自己管理能力」「課題対応能力」「キャリアプランニング能力」の４つの能力によって構成される。
出典）文部科学省「小学校キャリア教育の手引き」2022，pp.19-20．

[1] 文部科学省「小学校キャリア教育の手引き」2022，p.111，p.127，p.147を参照．

第13章　各校種における進路指導とキャリア教育の実際

と友だちのよいところを認め，励まし合う，互いの役割や役割分担の必要性が分かる」段階へ，高学年では，「異年齢集団の活動に進んで参画し，役割と責任を果たす」段階に発展する。

（4）小学校における進路指導・キャリア教育の課題

　小学校における進路指導・キャリア教育は，内容の抽象性，進路選択の認識不足，外部の人の関与不足，リソースと時間の制約，地域差，教員のスキル不足，評価の難しさ等，複数の課題がある。これらを解決するためには，具体的な教育内容や活動の工夫をすること，保護者や地域との連携を図ること，教員の研修や効果的な評価手法の導入が必要である。そして，「開かれた教育課程」カリキュラム・マネジメント[5]を考え，学校全体で取り組む「全体計画」の作成が重要である。

*5　カリキュラム・マネジメント：社会に開かれた教育課程」の理念の実現に向けて，学校教育に関わる様々な取組を，教育課程を中心に据えながら，組織的かつ計画的に実施し，教育活動の質の向上につなげていくこと。
出典）文部科学省「カリキュラム・マネジメント」p.7.

2　中学校における進路指導・キャリア教育の実際と課題

　中学校の時期は，心身の発達において，著しく変化や成長が見られるが，自分の生き方について，不安や悩みも生じてくる時期である。また，興味・関心に基づく勤労観・職業観の形成や，自ら進路について暫定的に計画する時期でもある。このような時期には，肯定的自己理解と自己有用感の獲得が重要である。生徒が自己理解を深め，将来の進路を具体的に考えるための多様なプログラムとして，職場見学・職場体験・交流学習・商品開発等の学習が考えられるが，キャリア教育においては，学校教育活動全般で「全体計画」のもと，取り組むべきものであり，これらの体験を通じて，「社会的・職業的自立に向けて」キャリア発達を形成する。

（1）キャリア教育と進路指導

　中学校のキャリア教育は，生徒が自己理解を深め，将来の進路を具体的に考えるための多様なプログラムや活動を含んでいる。進路ガイダンスでは，進学や就職に関する情報提供，個別相談，セミナーや講座，模擬試験や適性検査，職業体験・資料提供，保護者向けの説明会，スキルのトレーニング等，多岐にわたる活動を通じて，生徒が自分に適した進路を選択するためのサポートを行う。これにより，生徒が自信をもって将来の進路を決定できるようにすることを目指す。

　また，生徒一人一人との進路面談や進路相談として，興味や適性，進路希望

について話し合う個別面談（キャリア・カウンセリング*6）を行うことにより，進路選択に対する個別のサポートが提供される。教員は，個に応じた生徒のキャリア形成を支援する立場で，「生徒の自己決定の場」を必ず設けることが大切であり，生徒の自己実現に向けてのアドバイスや支援を行うように心掛けなければならない。

（2）キャリア教育プログラム（基礎的・汎用的能力の育成）

　キャリア教育の４つの能力*7（人間関係形成・社会的形成能力，自己理解・自己管理能力，課題対応能力，キャリアプランニング能力）は，生徒が将来の職業や社会生活において成功するために不可欠なスキルである。これらの能力をバランスよく育成することで，生徒が自己の生き方を主体的に設計し，社会の変化に柔軟に対応できるのである。

1）人間関係形成・社会的形成能力

　人間関係形成・社会的形成能力とは，多様な他者と良好な関係を築き，社会に適応しながら円滑なコミュニケーションを図ること，また，役割を果たしつつ他者と協働して社会に参画し，積極的に社会を形成する能力のことである。このような能力は，学校や職場において様々な環境で人々と関わることで形成される。

　具体的には，学校行事や学級活動・生徒会活動等の取組を通して，他者の個性を理解し，チームワークやリーダーシップが培われる。また，社会経験や職業理解を目的とする職場体験学習や他校種との交流学習等からは，多様な価値観をもつ人々や多様な年齢の人と関わることで，自分の考えと他者の考えの違いに気付き，相手を理解しコミュニケーションを図ることの大切さを学ぶ。このように，人間関係形成・社会的形成能力は，社会の一員としての役割を果たすためにも重要な能力である。

2）自己理解・自己管理能力

　自己理解・自己管理能力とは，自らの能力，性格，価値観，長所や短所，願い等を自己認識し，そのうえで，自らの思考や感情を律しつつ目標に向けて計画を立て，意欲を保ちながら状況に応じた適切な行動をとる能力である。このような自己理解・自己管理能力は，自己を知ることにとどまらず，日常生活や仕事で適切な選択や行動をとる基盤となり，これらの能力が高いと，自分の感情に振り回されることが少なくなり，適応力や問題解決力も向上する。

　具体的には，学級において，自己理解ワークシートを使って自己の長所・短所を知る活動やエンカウンター（本音で語り合う体験）において，自己の役割を理解し，前向きに考える機会を設けている。また，生活指導においても時間管

*6 **キャリア・カウンセリング**：個人のキャリア形成を支援するために行われるカウンセリングのこと。カウンセラーは，相談者の話を聞き，内容に応じて適切な助言を行う。出典）日本キャリア開発協会「キャリア・カウンセリングについて」，https://www.j-cda.jp/

*7 **4つの能力について**：これらの能力は，包括的な能力概念であり，必要な要素をできる限りわかりやすく提示するという観点でまとめたものである。それぞれが独立したものではなく，相互に関連・依存した関係にある。

　これらの能力をどのようなまとまりで，どの程度身に付けさせるのかは，学校や地域の特色，専攻分野の特性や子供・若者の発達の段階によって異なると考えられる。各学校においては，この４つの能力を参考にしつつ，それぞれの課題を踏まえて具体の能力を設定し，工夫された教育を通じて達成することが望まれる。出典）中央教育審議会「今後の学校におけるキャリア教育・職業教育の在り方について（答申）」2011, p.25.

理，目標・計画作成のほか，リフレーミング（視点を変え，物事を捉える技法）等の方法で，ストレス解消も図っている。

3）課題対応能力

課題対応能力とは，課題に直面したときにそれを解決する方法を考え，実行する能力のことである。学校生活において，課題が生じることが多々ある。その時に正確に課題を把握し，現状を分析し課題を見極め，計画的に課題を処理することが大切である。そのためには，情報を収集することや分析すること，計画を実行すること，柔軟に適応すること等が求められる。

具体的には，学校において，教科学習の時間に問題解決型学習や課題解決型学習を取り入れている。総合的な学習の時間には，自ら主体的に課題を発見し，計画を立てて課題を解決し，自ら評価する活動も行われている。また，特別活動の一つである修学旅行では，グループの活動計画書の作成や現地で初めて経験することへの対応力等が形成される機会となる。

4）キャリアプランニング能力

キャリアプランニング能力とは，自らの役割と働くことの意義を関連付けて，自らが果たすべき役割を踏まえて，主体的にキャリアを形成することである。そのためには，多様な生き方に関する様々な情報を収集し，選択肢を広げ，自らの自己理解の基で，情報の取捨選択を行い，目指す方向性を具体化する必要がある。しかし，予期せぬ状況の変化が起こる場合もあるため，環境や状況に合わせて，プランを見直し，柔軟に適応することも大切である。

具体的には，職場体験学習において職業や働くことを体験することで，自分に向いている職業や自分がやりたい職業が見つかり，必要な能力やスキルを考える機会となる。学習計画書の作成やキャリアプランノートの作成を通して，長期的及び短期的なキャリア目標を明確にし，目指す方向性を具体化する。

（3）職場体験学習

全国の約76％の公立中学校（調査対象は中学2年生）においては，職業体験[*8]や職場体験学習等が実施されている[2]。地域の企業や施設と連携して，実際の職場を訪問し，仕事の内容や職場の雰囲気を体験する。職場体験では，勤労観，職業観の育成の場として，働くことの意義や目的を理解し，働こうとする意欲や態度等を育む目的がある。また，生徒が主体的に進路の選択・決定する態度や意志・意欲等を培うことのできる教育活動として，重要な意味をもっている。働くことの厳しさや喜びの体験から自己の個性や適性を把握し自己理解を深め，自己の新たな可能性を見出すことで，自分が役に立つ存在であることを知る機会になる。

*8 **職場体験**：生徒が事業所等の職場で働くことを通じて，職業や仕事の実際について体験したり，働く人々と接したりする学習活動。
出典）文部科学省「中学校職場体験ガイド」（第1章）.

2）国立教育政策研究所生徒指導・進路指導研究センター「令和5年度職場体験・インターンシップ実施状況等結果（概要）」.

3　高等学校における進路指導・キャリア教育の実際と課題

職場体験学習を行う際には，ねらいを明確にする必要がある。ねらいの例としては，「仕事や職業について喜びや厳しさを実感しよう」「働くことから新しい自分を発見しよう」「いろいろな人々と関わり多様な価値観について学ぼう」「職場におけるコミュニケーションの大切さを学ぼう」等が考えられる。ねらいを達成するために，ねらいに応じた事前学習・事後学習を実施し，生徒自身が職場体験で何を体得したかを評価できることが大切である。また，「特に，中学校における職場体験は，小学校での街探検，職場見学等から，高等学校でのインターンシップ等へと体験活動を系統的につなげていく意味において，重要な役割を持っている[3]」と考えられる。

（4）中学校における進路指導・キャリア教育の課題

中学校における進路指導及びキャリア教育は，生徒が将来の進路を考え，自己のキャリアを形成するための重要な役割を果たす。しかし，教員の専門性や生徒の個別のニーズに対応するための支援体制が整っていないことがある。カリキュラム・マネジメントが十分に行われていない学校においては，内容や質にばらつきがあることから，質の高いキャリア教育を受けることが難しいケースもある[4]。また，職業体験や職場体験を実施するためのリソース（時間，予算，人材）が不足していることも課題の一つである。特に地方の学校では，地域に適切な職業体験の場が少ないため，実施が難しいケースがある。これらの課題を解決するためには，教育関係者や地域社会全体での協力体制が不可欠である。

3　高等学校における進路指導・キャリア教育の実際と課題

高等学校における進路指導及びキャリア教育は，生徒が卒業後の進路を具体的に考え，自分のキャリアを形成するために重要な役割を果たす。社会でどう生きていくかという課題に遭遇する時期であり，「自分の人生をどう生きるか」「自分の存在価値とは何か」といった，人間としての生き方や在り方を考えながら，自分の進路実現に向けての選択・決定が迫られる。高校生の進路の選択・決定においては，明確な目標を設定している生徒もいれば，理想ばかり追い求め，自己を過大評価している生徒，進路意識や目的意識が不明確な生徒も少なくない。このような生徒に対しては，例えば，インターンシップ[*9]等の体験的な学習を通して，自分のキャリア形成に必要な能力は何か，自分の適性は何かを自覚し，自らの進路設計・将来設計を描ける機会になればよい。しかし，教員の進路に対する情報不足や専門的なキャリア・カウンセリングのスキ

3）　文部科学省「中学校職場体験ガイド」（第1章）.

4）　国立教育政策研究所生徒指導・進路指導研究センター「キャリア教育に関する総合的研究 第一次報告書」2020，pp.34-38.

*9　インターンシップ：高校生や大学生が一定期間，企業や事業所等において，実際に仕事を体験することである。国（文部科学省，厚生労働省，経済産業省）は，「学生が在学中に自らの専攻，将来のキャリアに関連した就業体験を行うこと」と定義し，その具体的な内容は，1日の事業所見学から数週間の事業所研修体験，長期間の労働実践等，様々なものがある。
出典）関西キャリア教育支援協議会「小・中・高校生職場体験学習受入れの手引き 企業用」p.17.

第13章　各校種における進路指導とキャリア教育の実際

ル不足，カリキュラムに応じた地域・企業との連携不足といった課題もあり，これらの解決には，学校，地域社会，企業，教育関係者の協力が不可欠である。

（1）キャリア発達の特徴を踏まえた取組

高等学校では早い段階からキャリア教育を行い，生徒が自身の興味や能力を把握し，将来の進路に対するビジョンを明確にすることをサポートしている。これは，職場見学やインターンシップといった実体験を通じて職業に対する理解を深めることを目的とし，将来，職業に就いて働くということについて考えることで勤労観や職業観を育成する。

具体的には，「インターンシップ」や「職場体験」においては，実際の職場での経験を通して，働くことの意義や社会での役割を理解し，その環境の中で自らの役割を自覚することで，自分自身を知る（自分の性格・個性・興味・関心・価値観について知る）機会となる。また，職場という環境に適応すると同時に，他者との望ましい人間関係の構築に必要なコミュニケーションスキルやソーシャルスキルを学ぶことにつながる。多様な職業の専門家を招いた講話やキャリアセミナーでは，生徒が様々な職業の現場について知る機会が提供され，様々な情報を収集し，自分の将来について職業を意識して進路を決定する機会となる。

（2）探究学習とキャリア教育

生徒が主体的に学び，自分自身を深く理解する経験は，学力向上だけでなく，生涯にわたるキャリア形成の基盤となる。その点で，高等学校での探究学習は，生徒一人一人の個性を引き出し，将来に向けた具体的な行動を促す手段となる。「総合的な探究の時間*10」では，教科横断的なテーマを設定し，生徒の学びを広げ，関心を高めることで，自己の生き方や在り方と一体的な課題となり，自らの課題を解決することになる。地元企業，大学，非営利団体等と連携し，実社会との接点をもつ機会を増やすことで，実社会の中で自らの進路を考える機会となり，生徒の可能性を最大限に広げることになる。また，生徒自身がどうあるべきか，社会の一員としてどう生きていくべきかを考えることで，生徒のキャリア形成につながる。

（3）キャリアガイダンス，キャリア・カウンセリング

高等学校では，生徒が卒業後の進路を具体的に考えるためのキャリアガイダンスが行われる。これには，大学進学，専門学校，就職等，様々な選択肢についての情報提供が含まれる。また，キャリア・カウンセリングとして，担任教員や進路指導担当教員が生徒一人一人と個別面談を行い，進路希望や学業成

*10　総合的な探究の時間：2018（平成30）年の学習指導要領改訂で高等学校の必修科目となった。変化の激しい社会に対応して，探究的な見方・考え方を働かせ，横断的・総合的な学習を行うことを通して，よりよく課題を解決し，自己の生き方を考えていくための資質・能力を育成することを目標にしていることから，これからの時代においてますます重要な役割を果たすものである。
出典）文部科学省Webサイト「総合的な学習（探究）の時間」

績，適性について話し合う。教員による支援のみでは解決が難しい問題の場合には，専門的な知見をもつ人の参画を得つつキャリア・カウンセリングの機会を積極的に設けるべきである。具体的には，適性検査の実施や自己診断調査を通して，生徒自身が自己を知り，主体的に進路を考えることができる環境を設定し，適性に応じた進路選択ができるよう支援する。また，カウンセラーによる心理的サポートも提供される。

（4）大学・専門学校，企業訪問

高等学校では大学・専門学校のオープンキャンパスや学校説明会への参加が推奨される。これにより，生徒は進学先の雰囲気やカリキュラムを直接確認でき，学ぶこと，働くことの意義の理解及びその関連性の把握にもつながり，啓発的経験と進路意識の伸長になる。

就職を希望する生徒には，企業の求人情報提供や履歴書の書き方，面接対策等のサポートも行われる。また企業訪問や就職フェアへの参加も推奨される。就職フェアでは多様な職業の専門家を招いた講話やキャリアセミナーが開催され，生徒が様々な職業の現場について知る機会が提供される。これらの活動が，進路希望を実現するための諸条件や課題を理解することにつながり，将来設計を立案し，取り組むべき学習や活動を充実させる。

（5）高等学校における進路指導・キャリア教育の課題

高等学校における進路指導・キャリア教育の課題として，教員の考え方や思いに差があること，十分な時間が確保できないことがあげられる[5]。進学と就職の生徒が存在する中，個別のニーズに応じた生徒一人一人の希望や適性に応じた個別支援が不足している。また，キャリア教育のカリキュラムが不十分なため，職業体験やインターンシップの機会が限られていることが多く，実践的な経験を積む機会が不足しているともいえる。企業や大学，専門学校との連携を十分もち，地域の特性を活かした，キャリア教育が必要である。キャリア教育が一時的なイベントに終わることなく，継続的に生徒が自ら考え，自己実現に向けて努力できるような支援が求められている。

5）4）と同じ，p.218.

●演習課題
課題1：キャリア教育を中核に据えたカリキュラムを考えてみよう。
課題2：教科・道徳・特別活動・総合的な学習の時間での「基礎的・汎用的な能力」を育成するための学習を考えてみよう。
課題3：キャリア・カウンセリングで，配慮する点をグループで話し合おう。

第13章　各校種における進路指導とキャリア教育の実際

●参考文献

文部科学省「小学校キャリア教育の手引き」2022.

文部科学省「中学校・高等学校キャリア教育の手引き」2023.

コラム　　　キャリア・パスポート

　キャリア・パスポートの特徴として，一つ目は，「自己理解の推進」があります。児童生徒が自己の興味や関心，強み，価値観を振り返り，理解する手助けをします。これにより，自分自身の特性を把握し，将来の進路や職業選択に役立てることができます。二つ目は，「学習とキャリアの連携」です。学校での学びや活動をキャリア形成と結び付けるための記録が可能です。これには，授業での学び，クラブ活動，ボランティア活動等が含まれます。三つ目は，「継続的な記録と振り返り」です。長期にわたって記録を続けることが前提となっており，児童生徒が成長する過程での変化や進捗を確認できます。これにより，自己評価と目標設定がしやすくなります。四つ目は，「指導や支援のツール」です。教員やキャリアカウンセラーが，生徒のキャリア形成をサポートするためのツールとしても活用されます。

表　キャリア・パスポートの内容

項　目	内　容
1. 基本情報	児童生徒の基本情報（氏名，生年月日，学校名等）や学業成績，参加した活動等を記録。
2. 自己分析	児童生徒が自己の興味や関心，強み，価値観を記録し，自己分析する。自己理解を深めるための質問やチェックリストを含む。
3. 学習の記録	授業での学びや課題の達成，特に興味をもった科目や分野についての記録を含む。学習の成果や課題の振り返りを記録。
4. 活動の記録	クラブ活動，ボランティア活動，インターンシップ，職業体験等，学校内外での活動を記録。具体的な活動内容や得た経験，学びを記録。
5. 将来の目標と計画	将来の進路や職業に関する目標を設定し，それを達成するための計画を記録。短期目標と長期目標を設定し，それぞれの達成状況を記録。
6. 振り返りとフィードバック	定期的な振り返りの機会を設け，過去の記録を基に自己評価する。また，教員やカウンセラーからのフィードバックを受け取り，次の目標設定に活かす。

索　引

英　字

Attention-Deficit/Hyperactivity Disorger ······ 118
High-Functioning Autism ················· 119
Leraning Disabilities ···················· 118
LGBTQ ·································· 126
SC ····································· 52
SGE ···································· 11
SNS使用 ································· 56
SSW ··································· 52
VUCA ·································· 114

あ　行

アイデンティティ ························ 28
アスペルガー症候群 ····················· 119
アセスメント ·························· 31, 35
アンガーマネジメント・プログラム ········· 84
アンケート作成フォーム ·················· 105
いじめ ································· 77
いじめ防止基本方針 ····················· 79
いじめ防止対策推進法 ··················· 86
依存症 ································· 122
生命（いのち）の安全教育 ················ 101
居場所 ································· 93
インターネット ························· 100
インターンシップ ······················· 133
エリクソン ···························· 26
オーバードーズ ························· 57

か　行

開発的カウンセリング ···················· 5
カウンセリングマインド ·················· 42
学習指導要領 ·························· 13
学習障害 ······························ 118
学習性無力感 ·························· 26
過剰適応 ······························ 28
課題早期発見対応 ····················· 81, 84
課題対応能力 ·························· 132

課題未然防止教育 ····················· 81, 84
課題予防的教育相談 ····················· 37
課題予防的生徒指導 ····················· 84
学校教育法 ···························· 103
学校行事 ······························ 20
学校恐怖症 ···························· 88
カリキュラムマネジメント ················ 130
危機管理体制 ·························· 47
企業訪問 ······························ 135
"聴く"技法 ···························· 42
基礎的・汎用的能力 ····················· 129
キッザニア ···························· 128
器物損壊 ······························ 82
ギフテッド ···························· 89
気分障害 ······························ 121
基本的な生活習慣 ······················· 53
キャリアガイダンス ····················· 134
キャリア・カウンセリング ············· 131, 134
キャリア教育 ···················· 8, 107, 127
キャリア・パスポート ············· 113, 128, 136
キャリア発達 ·························· 8
キャリアプランニング能力 ················ 132
教育機会確保法 ························· 88
教育支援センター ······················· 94
教育振興基本計画 ······················· 112
教育相談 ······························ 33
教育相談コーディネーター ················ 36
教育相談週間 ·························· 38
教育相談部 ···························· 35
教育プログラム ························· 104
教科学習 ······························ 128
教師カウンセラー ························ 5
クライシスマネジメント ·················· 48
訓　告 ································· 67
経済的自立 ···························· 110
ケース会議 ···························· 38
ケース会議 ···························· 39
健康・体力 ···························· 110

137

索　引

健康問題 ･･････････････････････････････ 124
高機能自閉症 ･･････････････････････････ 119
構成的グループエンカウンター ･･････････ 11
校　則 ･･････････････････････････････････ 63
校内教育支援センター ･･････････････････ 93
校内規律 ･･････････････････････････････ 56
合理的配慮 ･･････････････････････････ 120
個人情報の保護に関する法律 ･･････････ 50
個人資料 ･･････････････････････････････ 29
こども基本法 ･･････････････････････････ 80
子供の貧困問題 ･･････････････････････ 106
個別面談 ･･････････････････････････････ 131
困難課題対応的教育相談 ･･････････････ 38
困難課題対応的生徒指導 ･･････････ 81, 84

さ　行

サーバントリーダーシップ ･･････････････ 59
サポートチーム ･･････････････････････ 99
支援型のリーダーシップ ･･････････････ 59
支援チーム ･･････････････････････････ 40
自我同一性 ･･････････････････････････ 28
自己肯定感 ･･････････････････････････ 12
自己理解・自己管理能力 ･･････････････ 131
自　殺 ･･････････････････････････････ 104
自尊感情 ･･････････････････････････ 12, 124
"質問する"技法 ･･････････････････････ 42
児童会・生徒会活動 ･･････････････････ 20
児童虐待 ･･････････････････････････ 102
児童虐待の防止等に関する法律 ････････ 103
児童生徒理解 ･･････････････････････ 23, 35
児童相談所 ･･････････････････････････ 97
児童の権利に関する条約 ･･････････････ 80
児童福祉法 ･････････････････････････ 103
自閉スペクトラム症 ･･････････････････ 119
社会的自立 ･････････････････････････ 110
就職フェア ･････････････････････････ 135
重層的支援構造 ･････････････････････ 80
重大事態 ･･････････････････････････ 78
出席停止 ･･････････････････････････ 71
守秘義務 ･･････････････････････････ 41, 49
障害者雇用促進法 ･･･････････････････ 116
障害者差別解消法 ･･････････････ 116, 120

障害者の権利に関する条約 ･･････････ 120
常態的・先行的生徒指導 ･･････････････ 29
少年院 ･････････････････････････････ 97
少年鑑別所 ･････････････････････････ 97
少年警察ボランティア ･････････････ 100
少年サポートセンター ･････････････ 100
少年非行対応 ･･････････････････････ 97
少年法 ･････････････････････････････ 97
情報収集 ･･････････････････････････ 15
職場体験学習 ･･･････････････････････ 132
事例検討 ･･････････････････････････ 35
震　災 ･････････････････････････････ 73
身体的虐待 ･････････････････････････ 103
心理検査 ･･････････････････････････ 105
心理的虐待 ･････････････････････････ 103
心理的離乳 ････････････････････････ 27
進路ガイダンス ･･･････････････････ 130
進路指導体制 ･･････････････････････ 46
進路指導の活動領域 ･･････････････････ 9
スクールカウンセラー ･････････････ 52
スクールソーシャルワーカー ･･･････ 52
スクールロイヤー ･････････････････ 81
スペシャルサポートルーム ･････････ 93
精神的自立 ･････････････････････････ 110
性的虐待 ･･････････････････････････ 103
性的マイノリティ ･････････････････ 126
生徒間暴力 ･････････････････････････ 82
生徒指導提要 ･･････････････････････ 22
生徒指導の定義 ･･････････････････････ 2
生徒指導の目的 ･･････････････････････ 2
性犯罪 ･････････････････････････････ 101
性暴力 ･････････････････････････････ 101
摂食障害 ･･････････････････････････ 122
説明責任 ･･････････････････････････ 50
セルフ・コンパッション ･･･････････ 96
総合的な探究の時間 ･･････････････････ 134
総合的な学習の時間 ･･････････････････ 21
即応的・継続的生徒指導 ･･････････････ 30

た　行

退　学 ･････････････････････････････ 67
対教師暴力 ･････････････････････････ 82

138

索　引

体験活動 ……………………………… 128
対人暴力 ……………………………… 82
体　罰 ………………………………… 67
確かな学力 …………………………… 109
探究学習 ……………………………… 134
チーム学校 …………………………… 43
チーム支援 …………………………… 6
注意欠陥多動性障害 ………………… 118
懲　戒 ………………………………… 65
懲戒処分 ……………………………… 70
通告の義務 …………………………… 41
停　学 ………………………………… 67
適応指導教室 ………………………… 94
統合失調症 …………………………… 122
道徳教育 ……………………………… 17
道徳性の発達 ………………………… 25
特別活動 …………………………… 19, 36
特別支援教育 ………………………… 116
特別支援教育コーディネーター …… 36
友だち関係 …………………………… 28

な　行

内容項目 ……………………………… 129
2軸3類4層の重層的支援構造 …… 36, 80
人間関係・社会的形成能力 ………… 131
ネグレクト …………………………… 103

は　行

配偶者からの暴力の防止及び被害者の保護等
　に関する法律 ……………………… 103

発達支持的生徒指導 ……………… 81, 84
発達障害 ……………………………… 117
発達障害者支援法 ……………… 116, 119
ピアジェ ……………………………… 25
非行少年 ……………………………… 97
不適切指導 …………………………… 69
不登校 ………………………………… 87
不登校特例校 ………………………… 94
ブラック校則 ………………………… 72
フリースクール ……………………… 94
プロアクティブ生徒指導 …………… 29
暴力行為 ……………………………… 82
保護者支援 …………………………… 96
ホリングワース ……………………… 27

ま・や　行

学びの多様化学校 …………………… 94
夜間中学 ……………………………… 95
役割実験 ……………………………… 28
ヤングケアラー ……………………… 62
豊かな人間性 ………………………… 109
夢ノート ……………………………… 127
4つの能力 …………………………… 131

ら・わ　行

リアクティブ生徒指導 ……………… 30
リスクマネジメント ………………… 47
ロールプレイ ………………………… 35
われわれ意識 ………………………… 26

139

編集者　　　　　　　　　　　　　　　　　　　　　〔執筆分担〕

　住本　克彦　　金沢学院大学教育学部 教授　　　　　　　第1章

 著者（五十音順）

新井　肇	関西外国語大学外国語学部 教授	第8章，コラム（第8章）
伊藤　美加	京都光華女子大学こども教育学部 教授	第12章，コラム（第12章）
伊藤美奈子	神戸女子大学心理学部 教授	第9章，コラム（第9章）
井上　直子	元 上郡町立上郡幼稚園長	コラム（第1章）
井上　浩史	同志社大学免許資格課程センター 教授	第4章，コラム（第4章）
清水　克博	名古屋学芸大学ヒューマンケア学部 教授	第10章，コラム（第10章）
竹村　景生	天理大学人文学部 教授	第6章，コラム（第6章）
田中　達也	神戸常盤大学教育学部 講師	第5章，コラム（第5章）
仁八　潔	金沢学院大学教育学部 教授	特別コラム
橋本　雅子	龍谷大学短期大学部 教授	第13章，コラム（第13章）
長谷川　誠	神戸松蔭大学人間科学部 准教授	第11章，コラム（第11章）
平野　修	尚絅大学生活科学部 教授	第3章，コラム（第3章）
松田　修	神戸医療未来大学健康スポーツ学部 客員教授	第2章，コラム（第2章）
毛利　康人	芦屋大学臨床教育学部 教授	第7章，コラム（第7章）
安田　従生	岡山医療専門職大学健康科学部 教授	コラム（第1章）
山下　敦子	神戸常盤大学教育学部 教授	第5章，コラム（第5章）

教職ライブラリ
生徒指導・進路指導論

2025年（令和7年）4月30日　初版発行

編著者　住　本　克　彦
発行者　筑　紫　和　男
発行所　株式会社　建　帛　社
　　　　　　　　　KENPAKUSHA

〒112-0011 東京都文京区千石4丁目2番15号
　　　　　　TEL（03）3944-2611
　　　　　　FAX（03）3946-4377
　　　　　　https://www.kenpakusha.co.jp/

ISBN 978-4-7679-2137-2　C3037　　　　　教文堂／愛千製本所
©住本克彦. 2025.　　　　　　　　　　　　Printed in Japan
（定価はカバーに表示してあります）

本書の複製権・翻訳権・上映権・公衆送信権等は株式会社建帛社が保有します。
JCOPY〈出版者著作権管理機構 委託出版物〉
本書の無断複製は著作権法上での例外を除き禁じられています。複製される
場合は，そのつど事前に，出版者著作権管理機構（TEL03-5244-5088,
FAX03-5244-5089, e-mail：info@jcopy.or.jp）の許諾を得て下さい。